Les fondateurs de l'astronomie moderne

# Les fondateurs de l'astronomie moderne

## moderne

Copernic – Galilée – Newton, et les autres

Joseph Bertrand

Editions Le Mono

Collection « Les Pages de l'Histoire »

ISBN : 978-2-36659-558-1
EAN : 9782366595581

# Préface

La théorie des mouvements célestes avait compté avant Copernic plus d'un représentant de premier ordre, et l'immortel Newton, en en révélant le véritable principe, n'en a pas dit le dernier mot. Quelque illustres que soient les noms des grands hommes à l'histoire desquels est consacré ce volume, d'autres pourraient donc, sans injustice, être placés auprès d'eux, et si cette première esquisse paraissait utile, il serait aisé d'en élargir beaucoup le cadre.

Une étude sur le caractère et sur les œuvres de quelques grands inventeurs ne saurait former l'histoire de l'astronomie. Cette belle science commence avec la civilisation, et le perfectionnement constant des méthodes d'observation et de calcul promet encore à nos descendants de longs siècles de découvertes et de progrès.

Les premières idées des philosophes sur le système du monde ont été sans doute celles que la contemplation du ciel suggérerait encore à un observateur complètement ignorant des théories cosmographiques.

La terre semble une immense plaine sur laquelle le ciel repose de toutes parts. Il la recouvre comme un dôme solide sur lequel glissent tous les astres en s'élevant chaque jour à l'orient pour aller disparaître à l'occident, et retourner le lendemain par des routes inconnues à la position qu'ils occupaient la veille.

Les étoiles se meuvent ainsi, toutes ensemble, sans changer leur position relative. Chacune d'elles se lève et se couche chaque jour aux mêmes points de l'horizon, et les plus grands déplacements d'un observateur à la surface de la terre, ne changent ni l'aspect ni la grandeur apparente de leurs constellations.

Sept corps célestes seulement, parmi ceux que l'on aperçoit sans instrument, se séparent de tous les autres en échappant à la loi simple qui les régit. Le soleil, la lune, Mercure, Vénus, Mars, Jupiter et Saturne, emportés cependant par le mouvement diurne des étoiles, ne décrivent pas chaque jour le même cercle, et leurs changements de route sont assez apparents pour frapper à la longue l'observateur le moins exercé.

Chacun de ces astres suit dans le ciel une spirale compliquée dont chaque spire peut sans erreur sensible être assimilée à l'un des cercles décrits par les étoiles. Ce cercle, qui change chaque jour, est parcouru par l'astre errant dans un temps différent de celui des étoiles, et la différence, sensible pour le soleil et les cinq planètes, est surtout considérable pour la lune.

On a d'abord expliqué ces apparences en supposant les étoiles attachées à une sphère solide qui, enveloppant la terre de toutes parts, tourne en vingt-quatre heures autour d'un axe dirigé d'un pôle à l'autre. Chaque planète est fixée dans ce système à une sphère transparente qui tourne comme celle des étoiles, mais en sens différent, tout en se laissant entraîner par elle et participant à son mouvement. Les planètes, parmi lesquelles les anciens comptaient la lune et le soleil, avaient ainsi deux mouvements : l'un commun aux étoiles, tandis que l'autre variait pour chaque planète.

Cette substitution de deux mouvements de rotation au mouvement en spirale, avait, aux yeux des philosophes anciens, une très grande importance. Ils tenaient pour certain que le mouvement circulaire uniforme convient seul à la perfection des corps célestes. Leur obstination a n'en pas admettre d'autres est le trait dominant de leur théorie et l'une des causes qui, en les éloignant des explications simples des mouvements célestes, leur en ont caché la véritable harmonie.

L'hypothèse des sphères concentriques ne reproduit avec une exactitude suffisante aucun des mouvements qu'elle a pour but d'expliquer. Le soleil lui-même, qui présente, entre tous, les apparences les plus simples, est beaucoup plus irrégulier dans sa marche que ne le voudrait une telle doctrine. Il décrit, il est vrai, par rapport aux étoiles, un grand cercle que l'on nomme écliptique ; mais son mouvement sur ce cercle est loin d'être uniforme.

Les allures de la lune sont plus irrégulières encore. Son mouvement de rétrogradation, soit par rapport aux étoiles, soit par rapport au soleil auquel on l'a souvent rapporté, est fort irrégulier, et son orbite change d'année en année, suivant une loi que l'on a mis longtemps à découvrir.

La complication des apparences augmente encore bien davantage lorsqu'on passe à l'étude des planètes. Les planètes, en effet, différant en cela du soleil et de la lune, ne retardent pas incessamment sur les étoiles, et, en supposant que la sphère qui les porte tourne uniformément d'occident en orient, leur mouvement n'est pas même grossièrement représenté.

Après s'être avancées vers certaines étoiles, on les voit pendant plusieurs jours demeurer stationnaires, puis se diriger en sens inverse pour s'arrêter encore et revenir de nouveau sur leurs pas.

Les astronomes, engagés dans une fausse route, rencontraient donc, dès les premiers pas, de graves écueils ; et tandis que les vrais principes simplifient tout quand ils sont trouvés, le système artificiel des sphères concentriques conduisait à des complications toujours croissantes. Il fallut augmenter peu à peu le nombre des sphères. Eudoxe, contemporain d'Aristote, attribuait à chaque planète quatre sphères différentes emboîtées les unes dans les autres et douées de mouvements divers, parmi lesquels il en suppose même d'oscillatoires.

Le soleil et la lune, moins irréguliers dans leurs allures, avaient chacun trois sphères solides. Aristote, en étudiant les phénomènes de plus près, trouva encore de grandes difficultés, qu'il crut faire disparaître en portant à trente-six le nombre total des sphères. Mais il ne put jamais tout concilier, et des observations plus précises et plus prolongées exigeaient sans cesse des suppositions nouvelles.

Lorsque Fracastor voulut, au commencement du seizième siècle, renouveler le système recommandé par les noms si grands alors d'Aristote et de Platon, les progrès de la science l'obligèrent à admettre soixante-dix-neuf sphères emboîtées les unes dans les autres, douées chacune d'un mouvement propre et entraînant avec soi celles qui les entourent.

Beaucoup de bons esprits cependant étaient choqués par l'inutile complication de ces rouages si nombreux. On acceptait avec quelque peine ces sphères si transparentes que les rayons lumineux les traversent sans être affaiblis, et si solides pourtant qu'elles peuvent guider les corps célestes et les tenir assujettis en les entraînant avec une incompréhensible rapidité.

Apollonius, qui vécut peu de temps après Aristote, proposa le premier le célèbre système des excentriques et des épicycles, auquel on donne plus souvent le nom de l'astronome Ptolémée qui l'a adopté et commenté.

Ce fut une idée très-neuve et très-heureuse que celle de faire mouvoir les corps célestes dans des cercles *excentriques*, c'est-à-dire dont le centre était supposé hors de notre terre.

Le mouvement étant alors uniforme, comme on le croyait nécessaire, la vitesse semble cependant dans cette hypothèse devenir variable à cause de l'influence du changement de distance sur la grandeur apparente du chemin parcouru.

La théorie des orbites excentriques, tout en représentant quelques-unes des apparences, ne supportait pas l'examen minutieux des détails, et il fallut lui adjoindre l'hypothèse des épicycles, qui consiste à supposer la planète mobile sur un cercle dont le centre est lui-même emporté d'un mouvement uniforme sur la circonférence d'un autre cercle nommé *déférent*. Une rotation continue et uniforme sur l'épicycle peut produire, par rapport au centre du déférent, un mouvement alternativement direct et rétrograde qui permet d'expliquer les stations et les rétrogradations : mais il est impossible d'établir un accord parfait avec les observations, et il fallut de nouveau compliquer l'hypothèse, soit par l'introduction de nouveaux épicycles, soit par l'invention de l'équant. Hipparque, auquel on doit cette ingénieuse idée, osa s'écarter du principe jusque-là incontesté de l'uniformité des mouvements élémentaires et admettre une circulation à vitesse variable, en lui imposant seulement la condition de paraître uniforme pour un observateur convenablement placé.

Ces facilités plus grandes données aux astronomes pour composer leur système permettaient à peu près de représenter les observations passées, mais la suite renversait sans cesse le commencement, et démontrait la stérilité du principe, en révélant des discordances auxquelles il fallait laborieusement remédier par des complications nouvelles, sans jamais pouvoir amener l'œuvre à une perfection toujours et vainement poursuivie.

L'immuable régularité du mouvement des étoiles ne fut pas même soustraite à cette loi. Par la comparaison attentive d'observations minutieuses, continuées pendant plusieurs siècles, Hipparque, dont c'est l'une des plus grandes découvertes, constata un mouvement lent et régulier qui lui sembla commun à toutes, et qui déplaçant l'axe du monde, et par suite l'équateur, produit la rétrogradation ou précession des équinoxes qui, sensible à peine dans un siècle, s'accomplit dans 26,000 ans. Il fallut admettre une sphère nouvelle embrassant celle des étoiles et l'entraînant avec soi dans la rotation lente et régulière, pour déranger à la longue l'uniformité du mouvement diurne.

Tous ces systèmes, il est inutile de le dire, n'avaient aucun des caractères qui imposent nos théories modernes à la conviction de quiconque est capable de les étudier ; et, dans cette incertitude, le champ restait libre à toutes les hypothèses et aux plus folles imaginations. Les philosophes, en formant sur la structure du monde les suppositions les plus bizarres, ont quelquefois cependant rencontré la vérité sans y fixer par des raisons solides la croyance de leurs successeurs. Les stoïciens pensaient, comme Képler lui-même à une époque de sa vie, que chaque planète est dirigée dans la route qu'elle doit suivre par une âme qui connaît son devoir et le lui impose. Si les étoiles décrivent toutes dans le même temps des cercles si inégaux, c'est, disaient-ils, que chacune d'elles, sans dépendre aucunement des autres, connaît la route qui lui est assignée, et se règle elle-même pour la parcourir ponctuellement dans le temps fixé, sans être contrainte par aucune action extérieure. Parmi ces ténèbres épaisses, Pythagore, plus heureux dans ses conjectures, aperçut la lumière et la montra à quelques disciples ; il osa chercher dans la rotation de la terre l'explication du mouvement diurne et faire du soleil immobile le centre de tout l'univers. Sa doctrine, mystérieusement transmise aux initiés, ne devint jamais universelle, et tout porte à croire que, devinée seulement par un heureux effort de génie, elle ne fut jamais appuyée dans l'antiquité sur les arguments irrésistibles qui, dans les temps modernes, ont fatigué et vaincu les résistances les plus brutales et les plus opiniâtres.

La chute de l'empire romain et les invasions des barbares empêchèrent, pendant plusieurs siècles, non-seulement les progrès, mais l'étude de l'astronomie. Les conquérants arabes et les califes mahométans donnèrent les premiers, à une partie du monde, la tranquillité et l'ordre nécessaires aux travaux de l'esprit. Leur gouvernement, plein de générosité et de justice pour tous, favorisa dans toutes les directions l'essor de l'intelligence humaine. Les grands princes de la dynastie des Abassides remirent en honneur la philosophie et la science des Grecs. Aristote et Platon furent traduits en arabe en même temps qu'Hippocrate et que Galien ; on les suivit sans les discuter, et les savants astronomes, que la générosité des califes entourait de tous les moyens d'étude et d'observation, se contentèrent de transmettre sans en accroître l'éclat le flambeau légué par les Grecs. Leurs travaux cependant montrent la complète intelligence des méthodes. La plus ancienne mesure du globe qui soit parvenue jusqu'à nous fut entreprise par les astronomes arabes, sur l'ordre du calife Almamoun.

La doctrine des épicycles était malheureusement contredite par des observations précises et de plus en plus nombreuses. Les erreurs s'accumulèrent, et semblables à un fleuve dont il faut constamment déplacer les digues, les astres depuis longtemps n'obéissaient plus aux lois de Ptolémée. Les tables de l'Almageste ne pouvaient plus servir, et celles que le roi Alphonse de Castille avait fait calculer vers le milieu du treizième siècle désolaient déjà les astrologues par leur différence avec l'état du ciel. Les systèmes admis jusque-là vieillissaient et devaient être bientôt abolis. L'habileté croissante des observateurs et la précision des calculs ne permettaient pas cependant de se contenter d'à-peu-près. Purbach et son disciple Régiomontanus essayèrent en vain de relever l'édifice chancelant ; leurs efforts, en en montrant la faiblesse, ne servirent qu'à préparer le triomphe de Copernic.

# Chapitre I

## COPERNIC et ses travaux

La rotation diurne de notre globe et son mouvement annuel autour du soleil sont aujourd'hui des vérités sans contradicteurs ; il en est peu cependant qui se soient plus difficilement imposées à la conscience de l'esprit humain. Copernic eut la gloire de les affirmer, et il en est, suivant Voltaire, le véritable et seul inventeur. « Le trait de lumière qui éclaire aujourd'hui le monde est parti, dit le grand écrivain, de la petite ville de Thorn. » Il tranche ailleurs la question en affirmant qu'une si belle et si importante découverte, une fois proclamée, se serait transmise de siècle en siècle, comme les belles démonstrations d'Archimède, et ne se serait jamais perdue. Il n'en a pas été ainsi pourtant : les hommes n'acceptent pas si facilement une vérité aussi éloignée des sens, et une erreur aussi ancienne que le monde ne s'arrache pas par un seul effort. Les philosophes de l'antiquité ont cru au mouvement de la terre, et, sans qu'il soit possible de marquer l'origine de cette opinion, on voit qu'elle avait fait impression sur Archimède comme sur Aristote et sur Platon. Cicéron et Plutarque en parlent en termes très-précis. Cette théorie n'était donc pas nouvelle ; mais le nombre de ses adeptes ayant diminué d'âge en âge, elle était complètement délaissée et comme éteinte dans l'oubli, lorsque Copernic, lui donnant pour ainsi dire une nouvelle vie, la fit retentir assez haut pour y attacher son nom à jamais. Les preuves sont nombreuses et précises ; il serait inutile de les rapporter ; mais il ne l'est peut-être pas d'avoir signalé l'erreur dans laquelle Voltaire est tombé pour s'être trop fié à la logique. Ce n'est pas elle qui décide les questions historiques, et un fait bien constant doit prévaloir sur les conjectures et les opinions du plus admirable bon sens.

Copernic a, d'ailleurs, réfuté d'avance son trop exclusif admirateur en rapportant avec une grande bonne foi les passages d'écrivains anciens où il a puisé la première idée de son système ; les indications qu'il donne, malheureusement très-brèves, forment presque tout ce que nous possédons sur la marche secrète de son esprit. L'histoire de ses idées restera donc, quoi qu'on fasse, mal connue, et, en cherchant à en retracer les principaux traits, nous serons souvent réduits aux conjectures.

COPERNIC.

Copernic est né à Thorn, en 1472. Il perdit son père à l'âge de dix ans, et reçut, sous la direction de son oncle, évêque de Warmie, une éducation très-soignée et dirigée surtout vers l'étude des lettres. On a conservé de lui une élégante traduction latine des épîtres de Théophylacte, qu'il offrit à son oncle, en l'avertissant qu'expurgées avec soin, elles méritent toutes le titre de lettres morales, accordé par l'auteur grec à quelques-unes seulement.

Copernic, à l'âge de dix-sept ans, fut envoyé à Cracovie pour y étudier la médecine ; mais, loin d'en faire son occupation exclusive et unique, il suivit avec succès tous les cours de l'Université. Celui du professeur d'astronomie, Albert Brudvinski, intéressa particulièrement sa curiosité ; un charme puissant s'attacha tout d'abord pour lui aux rudes et grossiers instruments alors en usage, et le jeune étudiant se fit initier à leur emploi. L'ardeur de son esprit l'entraînait en même temps vers les arts ; il suivit un cours de perspective, et, passant de la théorie à la pratique, il s'adonna pendant quelque temps à la peinture ; il y montra, comme en tous ses travaux, de très-heureuses dispositions, et fit même quelques portraits d'après nature qui furent trouvés très-ressemblants.

Rabelais nous apprend que « les jeunes gens studieux et amateurs de pérégrinité » étaient déjà, à cette époque, « convoiteux de visiter les gens doctes, antiquités et singularités d'Italie. » Copernic, bien préparé à profiter d'un tel voyage, se rendit, à l'âge de vingt-trois ans, à l'Université de Padoue, dont les maîtres habiles étaient alors en grand renom ; il y suivit les cours de médecine et de philosophie, et obtint deux des couronnes décernées chaque année aux élèves les plus distingués par la science et par le talent. Ses études médicales étaient cependant interrompues par de fréquentes excursions à Bologne, où l'attiraient la réputation et le savoir du professeur Dominique Maria, de Ferrare, dont il devint bientôt l'ami intime. L'exemple et les conseils de Maria fortifièrent le goût de Copernic pour l'astronomie et l'engagèrent dans la voie qu'il ne devait plus quitter. La médecine fut bientôt délaissée : le jeune étudiant vint se fixer à Bologne, et Maria l'admit à travailler dans son observatoire ; cette flatteuse collaboration fut utile à Copernic et contribua sans doute à faire de lui un astronome accompli, mais sans le conduire immédiatement à des découvertes réelles. Parmi les résultats de ces premiers travaux, on cite même une erreur manifeste et une observation dont l'exactitude est douteuse : Maria croyait avoir démontré que le pôle de la terre se déplace à sa surface et que, depuis les temps historiques, la latitude des villes d'Italie a changé de près d'un degré ; il fit partager son opinion à Copernic, qui, plus tard, y renonça, car il n'en fait pas mention dans son ouvrage. Dans une observation faite à Bologne, en 1497, les deux astronomes crurent apercevoir une étoile à travers la partie obscure du disque de la lune, qui semblait laisser passer ses rayons. Rien n'étant venu depuis confirmer cet incompréhensible phénomène, les astronomes s'accordent à ne pas y ajouter foi.

Avant de retourner en Pologne, Copernic se rendit à Rome ; il y vit le célèbre astronome Regiomontanus, dont il s'attira l'estime. Recommandé par son oncle l'évêque, et déjà digne d'être recherché pour son propre mérite, il ne fut pas traité en étudiant qui vient recevoir des leçons, mais en astronome qui peut en donner, et on le fit asseoir à côté des maîtres. La licence, *licentia docendi*, qu'il avait reçue à Cracovie, fut jugée valable à Rome, et Copernic professa, pendant quelques mois, auprès de Regiomontanus, dont les savants entretiens concoururent heureusement, avec ceux de Maria, aux progrès de ses études astronomiques. On a dit même que ce célèbre astronome, parvenu par ses propres réflexions à soupçonner le mouvement de la terre, avait dirigé dans cette voie les méditations de Copernic ; mais aucune preuve précise ne rend cette opinion vraisemblable. Regiomontanus mourut peu de temps après, assassiné par les fils d'un homme dont il avait trop vivement critiqué les ouvrages. Aucun des écrits qu'il a laissés n'autorise à le regarder comme l'initiateur ou le précurseur de Copernic.

Copernic revint en Pologne à l'âge de vingt-neuf ans, bien résolu de consacrer à l'astronomie. un talent développé par dix années d'études aussi brillantes que variées : pour lui en faciliter les moyens, son oncle, pendant son séjour en Italie, avait obtenu pour lui un canonicat dans l'église de Frauenbourg. Un canonicat, telle était alors l'ambition commune à tous les aspirants aux études libérales : poètes, philosophes et médecins y voyaient la seule chance de tranquillité et d'indépendance. Le mérite aidait sans doute à y parvenir, mais il ne faudrait pas trop en citer comme preuve l'exemple de Copernic, car son frère aîné, nommé André, et si complètement obscur que la tradition ne nous a rien appris de plus sur son compte, fut pourvu en même temps que lui. Sans besoins comme sans ambition, et plus assidu à son observatoire que dans le chœur, l'heureux Nicolas n'interrompait ses travaux scientifiques que pour se livrer aux faciles devoirs de sa profession. Comme il avait obtenu depuis longtemps le bonnet de docteur en médecine, quelques malades réclamaient, il est vrai, ses conseils, qu'il accordait toujours gratuitement ; mais ce désintéressement n'augmentait pas la confiance, et sa clientèle ne fut jamais considérable : c'était ce qu'il désirait. Quelles que fussent cependant ses préoccupations scientifiques, il ne négligea jamais les devoirs que lui imposait la confiance des malades.

Sa réputation franchit même peu à peu les limites de son diocèse : une correspondance récemment publiée montre que le duc Albert, grand maître des chevaliers Teutoniques, eut recours à lui en 1541, dans une maladie grave de l'un de ses conseillers, le priant d'accorder « ses bons conseils et avis à son serviteur pour le guérir avec l'aide de Dieu. » Copernic, âgé de soixante-neuf ans, se rendit immédiatement aux prières du duc, après avoir obtenu l'autorisation des chanoines ses confrères ; il resta près d'un mois auprès de lui et continua même longtemps après à envoyer par écrit ses conseils au malade, qui guérit vraisemblablement, car la correspondance, fort insignifiante d'ailleurs, qui nous a été conservée, ne mentionne pas l'issue de la maladie.

C'est dans les premières années de son retour en Pologne que Copernic paraît avoir arrêté ses idées sur le système du monde et composé son célèbre ouvrage sur les révolutions des corps célestes ; il le garda inédit pendant près de trente ans. Quoiqu'il le perfectionnât sans cesse et qu'il eût une peine extrême à se satisfaire lui-même, on s'expliquerait difficilement un si long retard, si l'on ne savait quelles appréhensions pouvaient le retenir, et combien de difficultés la publication de ses idées lui eût sans doute attirées.

L'Almageste de Ptolémée était la règle universelle des opinions docilement reçues et transmises, comme évidentes et indubitables, d'une génération à l'autre. Copernic, refusant de déférer à cette autorité, osa le premier s'affranchir du joug ; la complication des mouvements admis par les écoles ne satisfaisait pas son esprit, cette architecture bizarre le scandalisait ; elle ne pouvait convenir, selon lui, à un édifice aussi majestueux et remplir la haute idée de perfection qui s'y rattache.

Pénétré de cette pensée, et sans se soucier des opinions reçues, il chercha la vérité avec autant d'ardeur que d'indépendance de raison. Voulant d'abord, suivant l'usage, trouver un point d'appui chez les anciens, il commença par relire soigneusement les écrits des philosophes, pour se familiariser avec leurs doctrines et savoir ce qu'ils ont pensé sur ce grand et éternel sujet de méditation, ne craignant pas de traverser bien des nuages pour découvrir quelques rayons.

Dans ce siècle de fausse science et d'érudition sans lumières, les intelligences enchaînées par de vaines subtilités n'apprenaient pas à raisonner, mais à croire ; les plus doctes passaient pour les plus habiles, et les anciens n'avaient plus que des commentateurs. Copernic se fit leur disciple ; cherchant des idées et non des autorités, il osa les aborder avec un esprit d'examen que les écoles ne connaissaient plus, pour adopter et perfectionner ce qu'il trouverait près d'eux de meilleur et de vrai. Avec de l'imagination et un jugement droit, il aurait pu certainement trouver, sans aucun secours, l'idée hardie qui a fait sa gloire ; mais, quand il déclare formellement le contraire, pourquoi récuserait-on son témoignage ? « Je pris, dit-il, la résolution de relire les ouvrages de tous les philosophes, pour y chercher si aucun d'eux n'avait admis pour les sphères célestes d'autres mouvements que ceux acceptés dans les écoles, et je trouvai dans Cicéron que Nicétas croyait au mouvement de la terre. Plutarque m'apprit ensuite que cette opinion avait été partagée par plusieurs autres ;

voici ses propres paroles : « Les autres tiennent que la terre ne bouge pas, mais Philolaüs, pythagorien, tient qu'elle se meut en rond par le cercle oblique, ne plus ne moins que fait le soleil et la lune. Héraclite du Pont et Ecphantus, pythagorien, remuent bien la terre ; mais non pas qu'elle passe d'un lieu dans un autre, étant enveloppée, comme une roue, de bandes, depuis l'orient jusqu'à l'occident, alentour de son propre centre. »

Copernic aurait pu citer une autorité plus considérable : Archimède, en effet, au commencement du livre intitulé *Arénaire*, est plus net et plus précis encore :

« Le monde, dit-il, est appelé par la plupart des astronomes une sphère dont le centre est le même que celui de la terre, et dont le rayon est égal à la distance de la terre au soleil. Aristarque de Samos rapporte cette opinion en la réfutant : d'après lui, le monde serait beaucoup plus grand ; il suppose le soleil immobile, ainsi que les étoiles, et pense que la terre tourne autour du soleil comme centre, et que la grandeur de la sphère des étoiles fixes, dont le centre est celui du soleil, est telle, que la circonférence du cercle décrit par la terre est à la distance des étoiles fixes, comme le centre d'un cercle est à sa surface. »

Ce sont ces passages si formels qui, comme le dit Copernic, lui donnèrent ouverture à l'idée du mouvement de la terre, et furent pour lui comme une révélation ; il y vit le moyen de simplifier les rouages si nombreux et si compliqués de la machine céleste. Le succès dépassa ses espérances, et la lumière se fit bientôt dans son esprit. Plus soucieux cependant du repos qu'ambitieux d'une gloire éclatante, il continua silencieusement ses travaux, perfectionnant sans cesse son ouvrage et fortifiant ses convictions par l'étude continuelle des observations anciennes et par la contemplation assidue du ciel, trop souvent voilé malheureusement par les brouillards de la Vistule. Le but principal de l'ouvrage de Copernic est d'établir le double mouvement de la terre, par la simplicité et la régularité des explications qu'il fournit, et dont le majestueux ensemble n'a pas besoin d'autres preuves pour s'imposer irrésistiblement à l'esprit.

Ptolémée lui-même n'ignorait pas que l'hypothèse de la rotation de la terre explique très-simplement quelques-unes des apparences de l'univers, mais il n'avait pas osé l'adopter ; il était trop éclairé pour voir une difficulté sérieuse dans l'absence apparente du mouvement ; quelque rapidement, en effet, que la terre nous emporte, les objets qui nous entourent, suivant tous en même temps la même voie, éprouvent un déplacement commun, dont l'impétuosité devient par suite imperceptible, Ptolémée le comprit sans doute ; mais il recula devant une objection qui lui semblait sans réplique.

« Si la terre, dit-il, tournait en vingt-quatre heures autour de son axe, les points de sa surface seraient animés d'une vitesse immense, et de leur rotation naîtrait une force de projection capable d'arracher de leurs fondements les édifices les plus solides, en faisant voler leurs débris dans les airs. »

Cette appréciation des effets de la rotation terrestre repose sur une confusion qu'il faut signaler, et la difficulté disparaît lorsqu'on invoquant les véritables principes de la mécanique, on veut la pousser à bout.

On doit distinguer, dans le mouvement d'un corps qui tourne, la vitesse absolue des points situés à la surface et la vitesse de rotation mesurée par la durée d'un tour entier ; la force de projection dont parle Ptolémée, et que nous nommons *force centrifuge*, dépend de ces deux vitesses à la fois, et leur est proportionnelle à toutes deux. Or, dans le cas de la rotation terrestre qui nous occupe, si la vitesse des points situés à la surface est très-grande, la vitesse de rotation est extrêmement petite : un tour en vingt-quatre heures, c'est la moitié de ce que fait l'aiguille des heures d'une horloge, et, tout calcul fait, la force centrifuge produite par la rotation de la terre, loin de pouvoir arracher les édifices de leurs fondements, diminue seulement le poids des corps situés à l'équateur, où elle est la plus forte, de trois grammes environ par kilogramme.

Galilée rencontra, un siècle plus tard, la même difficulté, sans réussir à la dénouer exactement. Copernic pouvait bien moins encore faire un tel calcul, qui eût dépassé de beaucoup ses connaissances en mécanique, mais il ne renonça pas pour cela à ses convictions ; tout en regardant l'objection comme sérieuse, il n'en fut ni retardé ni troublé, et crut pouvoir tout concilier par une distinction subtile : « La rotation de la terre étant, dit-il, un mouvement naturel, les effets en sont tout autres que ceux d'un mouvement violent, et l'on ne doit pas assimiler la terre, qui tourne en vertu de sa propre nature, à une roue que l'on force à tourner. » Deux cents ans de travaux et de découvertes ont effacé de la science cette distinction entre le mouvement naturel et le mouvement violent. Un corps, quel qu'il soit, n'a aucune vertu réelle, aucune *causalité*, pour produire son propre mouvement ou pour en changer la direction. Les corps célestes, dans leurs évolutions, ne diffèrent en rien des autres ; ils sont soumis aux mêmes lois mécaniques, de même que les substances organisées dans les corps vivants obéissent aux mêmes lois physiques et chimiques qui régissent la matière inerte.

Le principe de Copernic est donc faux, mais il n'est pas absurde ; il l'a reçu d'ailleurs des péripatéticiens, et il serait aussi injuste de le lui reprocher que de voir une preuve de pénétration dans l'argument sans valeur qui le maintint si heureusement dans la bonne voie.

Copernic admit donc, comme Philolaüs et Héraclite du Pont, que la terre tourne en vingt-quatre heures, et d'occident en orient, autour de la ligne des pôles ; entraînés par ce mouvement, dont nous n'avons pas conscience, nous le transportons aux astres, qui semblent, par une rotation contraire, tourner en vingt-quatre heures d'orient en occident autour du même axe.

Cette explication simple d'un phénomène aussi universel fait disparaître bien des difficultés. La distance immense des étoiles exigerait, si leur mouvement était réel, une vitesse qui effraye l'imagination et que Kepler évaluait beaucoup trop bas en la fixant à dix-sept mille lieues par minute. On s'expliquerait en outre bien difficilement que ce nombre prodigieux de soleils, comme enchaînés par des liens invisibles, conservassent exactement leurs positions relatives, en formant un système invariable qui semble tourner tout d'une pièce, sans être en rien dérangé par une rotation aussi rapide. Comment le soleil, la lune et les planètes participent-ils à ce mouvement en s'y soustrayant cependant en partie, puisqu'on voit varier chaque jour le lieu de leur lever et le cercle qu'ils semblent décrire ? Comment enfin le mystérieux ressort qui semble faire tourner l'univers autour d'un axe qui traverse notre globe nous laisse-t-il seuls en dehors de cette rotation ? La rotation de la terre faisant disparaître toutes ces difficultés, Copernic la regarda comme démontrée, et, expliquant ainsi le mouvement diurne des astres, il put en faire abstraction dans la suite de ses travaux et se borner à considérer, dans leur étude ultérieure, leur déplacement par rapport aux étoiles.

Les étoiles cependant, tout en conservant leurs positions relatives, semblent entraînées par un autre mouvement extrêmement lent, qui ne se mesure pas par jours, mais par centaines de siècles, et qui, d'après Hipparque, déplace toute la sphère céleste dans le sens de l'écliptique, en lui faisant faire un tour en vingt-six mille ans. Copernic n'abandonna pas pour cela sa croyance à la fixité des étoiles ; il comprit que ce ne sont pas elles qui se déplacent : c'est l'axe de la terre qui tourne en vingt-six mille ans autour de l'écliptique, en entraînant ainsi le pôle de l'univers, sans cesser de percer le globe terrestre aux mêmes points, et sans justifier par conséquent l'opinion de Dominique Maria sur le changement des latitudes géographiques.

Il y a, il faut l'avouer, contradiction géométrique à supposer ainsi un axe de rotation perçant toujours le globe terrestre aux mêmes points et changeant cependant de direction dans l'espace. Si la vitesse du pôle est toujours nulle, l'axe qui y aboutit reste invariable, et le changement de sa direction, quelque lent qu'on veuille le supposer, est impossible. Mais rien sous le soleil n'est rigoureusement immuable ; le pôle de la terre n'est pas fixe à sa surface. Un des géomètres les plus pénétrants de notre époque, M. Poinsot, en analysant le phénomène avec autant de finesse que de clarté, a montré que chaque jour notre pôle décrit autour de sa position moyenne un cercle de quelques décimètres ; pour les astronomes un mouvement si fin et si délié ne diffère pas de l'immobilité ; mais il a de l'importance aux yeux des géomètres ; il correspond à un rouage régulier et nécessaire, quoique imperceptible, de l'immense machine qu'il étudie ; la circonférence de ce petit cercle mesure, comme l'a montré M. Poinsot, le chemin que le pôle de l'univers parcourt chaque jour sur la sphère céleste ; c'est l'un des pas successifs de cette marche si lente signalée par Hipparque, et qui dure vingt-six mille ans.

Parmi les astres mobiles, le soleil seul suit une marche simple et régulière : on le voit décrire en une année sur la sphère céleste le grand cercle nommé *écliptique*, et, sans être rigoureusement uniforme, son mouvement le deviendrait dans des limites d'exactitude suffisante, si l'on se plaçait pour l'observer en un centre fictif peu éloigné de celui de la terre.

Le mouvement des planètes est plus compliqué : elles vont tantôt plus vite et tantôt plus lentement, tantôt dans un sens et tantôt dans un autre, et leurs stations fréquentes, constamment suivies d'un changement de direction, leur donnent dans le ciel une allure inégale et bizarre. Le mouvement circulaire uniforme qui convient seul, suivant les astronomes anciens, à la perfection des corps célestes, ne peut évidemment pas expliquer de telles apparences ; on avait cru tout concilier par la singulière doctrine des épicycles, qui, au temps de Copernic, régnait encore sans partage. Partant de ce principe *évident* que les corps célestes doivent décrire des cercles, et voyant clairement cependant qu'ils n'en décrivent pas, les anciens astronomes, s'attachant bien plus à accorder les mots qu'à rester conséquents à leur faux principe, disaient que chaque planète est mobile sur un cercle ; mais ils admettaient aussitôt que ce cercle, nommé *épicycle*, est entraîné à son tour uniformément sur la circonférence d'un autre cercle, appelé le *déférent*, en emportant la planète qui le parcourt. Celle-ci se trouve ainsi soumise à deux mouvements qui s'altèrent mutuellement par leur composition ; elle ne peut, quoi qu'on fasse, décrire qu'une seule courbe, qui n'est pas un cercle, mais qui est produite par la combinaison de deux mouvements circulaires, et, par cette finesse de discours, ils prétendaient tout concilier. Ces hypothèses, qui, d'après Ptolémée, remontent à Apollonius, expliquent les traits généraux des mouvements observés, mais elles sont loin d'en reproduire exactement les détails, et les astronomes, tâtonnant pour ainsi dire dans les ténèbres, n'avaient pas hésité à compliquer leurs hypothèses en augmentant sans limite le nombre de ces cercles qui roulent les uns sur les autres. Leurs dimensions arbitraires, ainsi que leurs vitesses, laissaient une grande latitude qui prolongeait l'illusion, et, pour accorder la théorie avec les observations de plus en plus précises, on avançait dans une voie sans issue, en s'embarrassant dans des entraves toujours plus nombreuses. Copernic eut assez de liberté d'esprit pour les rejeter, et assez de force pour les rompre d'une main hardie. Il fit disparaître ces vaines subtilités, et, lançant la terre dans l'espace, il plaça le soleil au centre du monde, comme le cœur et le foyer de toute la nature. Qui pourrait, dit-il, choisir une meilleure place pour cette lampe brillante qui illumine tout l'univers ? De même que le plus beau tableau ne peut être admiré et compris que d'un point de vue bien choisi, il faut, pour comprendre le système du monde, se placer par la pensée en son centre, qui est celui du soleil : c'est de là que Copernic aperçoit l'ordre harmonieux de l'univers et le spectacle éternel que ses maîtres lui avaient montré tant de fois sans lui enseigner à le comprendre.

Le soleil étant supposé immobile, il faut admettre que la terre tourne autour de lui, en décrivant chaque année un cercle précisément égal à celui dans lequel nous croyons le voir entraîné. Notre globe perd ainsi son rôle exceptionnel dans l'univers ; il cesse d'être le centre et la fin dernière de la création ; quelque différence que la vanité humaine veuille établir entre la terre et les autres planètes, on n'aperçoit plus aucun caractère particulier qui la distingue. Copernic nous les montre toutes semblables par la forme, comparables par les dimensions, et circulant, soumises aux mêmes lois, autour du même foyer de chaleur et de lumière, qui luit également pour elles toutes, leur envoie les mêmes clartés, les échauffe des mêmes rayons, et semble les tenir dans la même dépendance. Il faut donc chercher plus haut et plus loin que notre terre les secrets de la sagesse éternelle, ou renoncer modestement à les pénétrer ; mais, comme dit frère Jean, ce ne sont pas là paroles de bréviaire, et le chanoine de Frauenbourg ne pouvait guère les discuter.

Le mouvement de la terre étant admis, on voit aisément quelles apparences ce déplacement, effectué à notre insu, doit produire sur les différent astres. Si nous nous approchons du soleil, par exemple, il nous semblera que, par un mouvement contraire, c'est lui qui se rapproche de nous ; si notre mouvement nous entraîne vers la droite, les apparences seront les mêmes que si, demeurant immobiles, nous le voyions décrire un chemin égal vers la gauche, et une analyse très-aisée du phénomène montre enfin qu'en décrivant une courbe quelconque nous croirons voir le soleil, ou tout autre astre que nous observerons, décrire en sens inverse une courbe précisément égale, et dont les dimensions apparentes dépendent, bien entendu, de la distance qui nous en sépare.

Ces apparences, que Copernic analyse avec autant de solidité que de justesse, s'étendent sans exception à tous les corps célestes accessibles à nos observations ; c'est une conséquence à laquelle on ne peut se soustraire, et qui semble tout d'abord condamner l'hypothèse. Le mouvement des étoiles est, en effet, complètement expliqué par la rotation de la terre autour de son axe, et nous ne les voyons nullement décrire en outre des cercles parallèles entre eux et égaux à l'orbite présumée de notre planète. Mais cette difficulté n'arrêta pas Copernic ; il en conclut seulement qu'à cause de la prodigieuse distance des étoiles le cercle égal à l'orbite terrestre que chacune d'elles devrait sembler décrire paraît tellement petit, qu'il échappe aux observations les plus précises.

Les planètes ne semblent pas non plus décrire des cercles égaux et parallèles au plan de l'écliptique ; elles ont donc un mouvement réel qui se combine avec le mouvement apparent que notre esprit leur attribue. Copernic admit que chacune d'elles décrit un cercle autour du soleil ; le mouvement de la terre, que nous leur transportons en outre par la pensée, produit alors les mêmes apparences que si chaque planète tournait en une année sur un épicycle égal à l'orbite terrestre entraîné sur l'orbite véritable de la planète, qui semble jouer ainsi le rôle du *déférent* d'Apollonius. On peut, si l'on veut, intervertir les rôles et prendre l'orbite réelle pour épicycle, en la supposant entraînée sur un déférent égal à l'orbite terrestre. La première de ces hypothèses représente, pour les planètes supérieures, Mars, Jupiter et Saturne, le système admis par Ptolémée, et c'est la seconde, au contraire, qui reproduirait les théories de Mercure et de Vénus, telles à peu près qu'elles sont exposées dans l'Almageste. Mais il faut bien remarquer que, dans les idées anciennes, l'identité des dimensions de l'orbite du soleil avec celles des épicycles n'était pas même soupçonnée. Ptolémée, en effet, ne rattachait nullement le mouvement d'une planète à celui d'une autre ; le rapport de l'épicycle au déférent et les vitesses avec lesquelles il les supposait parcourues étaient déterminées pour chaque planète, mais sans qu'il y eût aucune relation entre les cercles relatifs aux astres différents ; les divers éléments du système restaient indépendants, et l'on ne pouvait ni les placer ni même les ordonner avec certitude ; le système de Copernic, en faisant naître les épicycles des apparences produites par un même mouvement, celui de la terre, établit un lien entre ces éléments ; ils deviennent, pour ainsi dire, les membres d'un même corps, on peut les contempler d'un seul regard, et le système du monde apparaît pour la première fois dans son harmonieux ensemble.

Le principe de Copernic étant admis, on comprend aisément comment la distance de chaque planète au soleil a pu être approximativement déterminée. Prenons pour exemple la planète de Jupiter ; il faut, avant tout, chercher la durée de sa révolution : c'est là un problème dont, malgré les difficultés apparentes, la solution est extrêmement simple. On peut, en effet, comparer la ligne droite, nommée rayon vecteur, qui réunit le centre fixe du soleil au centre mobile de Jupiter, à l'aiguille d'une horloge, et le temps qu'elle met à parcourir son immense cadran est la durée de la révolution de Jupiter. Nous pouvons regarder le rayon vecteur qui réunit la terre au soleil comme une aiguille plus courte que la précédente et tournant dans le même sens ; le mouvement de celle-ci est bien connu : elle fait son tour en une année, Supposons maintenant, quoique cela ne soit pas absolument exact, que les plans des deux orbites coïncident, en d'autres termes que les deux aiguilles, de longueur inégale, marchent sur le même cadran. Placés comme nous le sommes, à l'extrémité de la plus petite, il nous est facile de signaler sa rencontre avec la plus grande, et les astronomes qui observent attentivement le soleil et la planète Jupiter sauront dire à quel moment nous nous trouvons sur la ligne qui les joint ; ils ont trouvé depuis longtemps que ces oppositions de Jupiter, ou, ce qui revient au même, les rencontres des deux aiguilles ont lieu, en moyenne, tous les 400 jours. La plus petite fait donc en 400 jours un tour de plus que la plus grande, et, comme le mouvement de celle-ci nous est connu, le plus simple écolier en déduira le mouvement supposé uniforme, c'est-à-dire le mouvement moyen de l'autre ; c'est ainsi que l'on a trouvé la durée de la révolution de Jupiter égale à 4,332 jours et 14 heures.

Ce résultat étant bien connu, traçons un cercle de rayon arbitraire qui représente l'orbite terrestre et dont le centre figurera le soleil ; cherchons à représenter l'orbite de Jupiter sur le même dessin et en conservant les proportions exactes ; supposons que l'observation continuelle de la planète nous ait appris qu'elle se trouvait un certain jour placée sur le prolongement de la ligne qui joint le soleil à la terre ; choisissons sur le cercle qui représente l'orbite terrestre un point qui, ce jour-là, représentera la terre ; sur le rayon correspondant et à une distance inconnue se trouve Jupiter ; après quelque temps, après un mois, par exemple, la terre aura parcouru la douzième partie de son orbite et l'on pourra fixer le point où elle se trouve ; on pourra aussi, d'après les observations, tracer sur le papier la ligne qui la réunit à Jupiter : et si l'on suppose enfin que celui-ci se meuve d'un mouvement uniforme dans un cercle ayant pour centre le soleil, on pourra tracer le rayon vecteur qui réunit, le même jour, le soleil à Jupiter et qui fait, avec le rayon primitif relatif au jour de la conjonction, un angle égal aux [x] de quatre angles droits, c'est-à-dire à 2° 31' environ ; nous avons ainsi deux lignes qui doivent contenir Jupiter. Leur intersection donnera la position approchée de la planète ; la même construction, reproduite pour des intervalles correspondant à trente jours de marche de l'une et l'autre planète, fournira des points successifs de l'orbite de Jupiter, et tous ces points, si nos hypothèses étaient exactes, se trouveraient sur un même cercle. Malheureusement il n'en est pas ainsi ; on obtient, de cette manière, une courbe un peu allongée et sinueuse, qui diffère notablement d'un cercle. La méthode paraît donc sans raison, et l'épreuve n'a pas réussi ; elle est cependant un premier pas dans une voie qu'elle met suffisamment en lumière. Nos constructions supposent, en effet, que la planète décrive uniformément un cercle ayant pour centre le soleil et dont le plan coïncide avec celui de l'orbite terrestre ; ces suppositions ne sont pas exactes, le résultat obtenu n'est donc qu'une première approximation. Semblable aux premiers architectes chrétiens, qui, pour élever les temples de la foi nouvelle, employaient les débris des monuments antiques, Copernic eut recours aux procédés habituels de Ptolémée et supposa un excentrique et un épicycle ; mais l'algèbre est le seul instrument assez fin pour déterminer ces éléments nouveaux et la seule langue assez précise pour débrouiller la confusion d'un tel problème. Nous devons nous borner à avoir marqué le principe et le trait essentiel de la méthode ; il serait inutile de suivre Copernic dans le détail de la solution. Ce retour aux épicycles est une contradiction dans le système ; il altère la simplicité qui en fait la grandeur et la beauté, et forme une tache véritable. C'est le seul point sur lequel le livre des révolutions éloigne le lecteur des grandes voies de la science moderne. Après avoir exposé les détails de son système, Copernic, content d'en avoir assez dit pour assurer le triomphe de ses idées, s'est abstenu d'en résumer les traits essentiels et de faire ressortir l'appui qu'ils se prêtent mutuellement. C'est par des communications verbales qu'il compléta, dit-on, ses démonstrations, et, pour retrouver toute sa pensée, il faut la deviner dans les écrits, la plupart bien timides, qui, inspirés de lui, viennent se placer entre son livre des révolutions et les œuvres immortelles et originales de Galilée et de Kepler. C'est Kepler lui-même qui, tout jeune encore et disciple de Mœstlin, a résumé, de manière à les imprimer fortement dans les esprits, ses arguments les plus décisifs, qui se transmettaient sans doute comme en confidence, et sans se hasarder dans les chaires officielles.

« C'est, dit-il, après de profondes réflexions et soutenu par l'autorité de mon maître Mœstlin, que j'ai adopté le système de Copernic, » et, après avoir exposé sommairement la différence des deux doctrines, il ajoute : « On peut demander à Ptolémée pourquoi les excentriques de Mercure et de vénus et celui du soleil sont parcourus en temps égaux ; son système ne rend aucunement raison de cette coïncidence : celui de Copernic, au contraire, nous montre que ces trois mouvements sont des apparences produites par une même cause, qui est la rotation de la terre. »

Pourquoi les mouvements des cinq planètes sont-ils alternativement directs et rétrogrades, tandis que le soleil et la lune marchent toujours dans le même sens ? Nous répondrons, quant au soleil, qu'il est en réalité immobile, et que le mouvement apparent est l'effet de la translation de la terre, qui elle-même s'effectue toujours dans le même sens ; et, quant à la lune, sa rotation autour du soleil lui est commune avec la terre, et par conséquent, sans effet à nos yeux. Nous percevons seulement le mouvement qui l'entraîne toujours dans le même sens autour de notre planète ; quant aux cinq planètes, elles tournent toujours dans le même sens, mais nous leur appliquons, nous croyant immobiles, un mouvement contraire à celui de la terre, qui, selon les positions relatives, peut, comme on le voit par une analyse attentive, diversifier les apparences et simuler un déplacement, dirigé tantôt dans un sens et tantôt dans un autre. On peut demander encore, sans que Ptolémée puisse répondre, pourquoi aux plus grandes orbites correspondent de si petits épicycles et de si grands aux orbites moindres ? Cela tient, suivant Copernic, à ce que ces épicycles, identiques à l'orbite terrestre, sont égaux entre eux, et par conséquent d'autant plus petits relativement, qu'ils semblent tourner dans une orbite plus grande. Si la même loi ne s'étend pas aux planètes Vénus et Mercure, c'est que, par une inversion qui a été expliquée, l'épicycle de Ptolémée est pour celles-là leur orbite véritable, que l'on suppose mobile sur un cercle égal à celui de l'orbite terrestre. Les anciens se sont étonnés enfin, et non sans raison, de voir les planètes supérieures constamment en opposition avec le soleil, au moment où elles passent au point le plus bas de leur épicycle, et en conjonction avec le même astre, lors de leur arrivée au point le plus haut ; cette coïncidence est une conséquence forcée du système de Copernic. La terre tournant en effet, comme les autres planètes, autour du soleil, sa distance à l'une d'elles est évidemment la moindre possible, lorsqu'elle est sur la ligne qui réunit le soleil à la planète, et il y a alors opposition ; elle est au contraire la plus grande possible dans les conjonctions.

Il est bon d'être modeste, a dit Voltaire, mais il ne faut pas être indifférent sur la gloire : Copernic paraît l'avoir été ; il n'eut pas d'ambition, pas même la plus haute et la plus pure de toutes, celle de laisser un grand nom, et son zèle pour la vérité, tempéré par l'amour de la paix, n'alla jamais jusqu'à compromettre son repos.

Sans prévoir quelles contrariétés se rencontreraient entre ses opinions et les décisions de l'Église. il soupçonnait des difficultés, qu'il préféra éviter en ne publiant rien.

Copernic donnait gratuitement ses soins comme médecin à tous ceux qui les réclamaient, mais sans chercher à grandir sa réputation ni à accroître sa clientèle ; le savant astronome en usa précisément de même. Ne refusant ni sa société ni ses entretiens aux rares disciples qui venaient à lui pour s'éclairer, il leur découvrait tous ses secrets ; mais pour ceux qui, satisfaits du témoignage des sens, croyaient connaître la nature, ou qui, craignant de devenir plus savants qu'il ne faut, refusaient de soulever le voile mystérieux qui la couvre, Copernic n'essayait jamais d'élever malgré eux leur esprit et de dessiller leurs yeux, volontairement assoupis. N'oublions pas que, comme chanoine, il devait obéissance à ses supérieurs, et que cela gêne toujours un peu la liberté.

La croyance au mouvement de la terre se répandit pourtant peu à peu. On raconte que des comédiens, la prenant pour sujet de leurs plaisanteries, voulurent représenter sur leur théâtre les conséquences comiques d'une idée aussi extraordinaire ; cette farce n'a pas été conservée. Il faut croire qu'elle était plus grossière que gaie, car, après quelques jours de succès, elle fut sifflée. Peut-être a-t-on attaché trop d'importance à d'innocentes railleries, qui ne paraissent pas avoir été jusqu'à l'insulte et qui sont loin de mériter l'indignation. Les comédiens, persuadés par la fausse évidence qui leur montrait la terre immobile, s'étonnaient d'un prétendu mouvement dont on ne voit ni n'éprouve aucune marque sensible, et la croyance à ce paradoxe, que semblaient désavouer tous les sens, leur parut une extravagance propre à figurer dans une scène comique. Ils étaient dans leur rôle et dans leur droit, car le théâtre n'est pas une école de physique. « Tu me railles, écrivait Kepler à un de ses contradicteurs ; soit, rions ensemble. » Copernic n'était pas rieur de sa nature, et vraisemblablement il n'aimait pas la raillerie ; mais il savait la souffrir et ne s'irrita nullement contre les comédiens : ne soyons pas plus sévères que lui.

Sans aucun esprit de domination et ne se mêlant jamais des affaires dont il n'était pas chargé, Copernic n'en était pas moins prêt à affronter les orages du siècle pour remplir tous les devoirs imposés par l'estime de ses supérieurs ou par la confiance de ses confrères.

Pendant une vacance du siège épiscopal, il fut nommé, en 1513, administrateur du diocèse de Warmie et porta dignement le poids de ces honorables et périlleuses fonctions. Les chevaliers Teutoniques, autrefois protecteurs de l'Église et fondateurs de la ville de Thorn, étaient devenus pour l'évêché de très-incommodes voisins. Déjà fort suspects d'hérésie et oubliant souvent la règle de la discipline, ils troublaient par leurs incursions violentes ceux dont ils avaient été longtemps les pieux défenseurs. L'impunité accroissait leur licence, et les évêques, sans pouvoir pour les réprimer, comme sans force pour les punir, ne leur opposaient le plus souvent qu'une patience résignée. La mort de l'évêque réveilla leurs injustes prétentions ; ils s'emparèrent du château de Warmie et des biens du chapitre. Copernic, plein de vigilance pour les intérêts qui lui étaient commis, fit appel au roi de Pologne, le ferme et sage Sigismond, qui, pour abaisser l'orgueil des chevaliers et faire rentrer leur puissance dans de justes bornes, l'autorisa à poursuivre juridiquement le grand maître de l'ordre. Copernic sortit victorieux de la lutte et conserva à l'évêché les terres qu'on avait voulu usurper, sans avoir compromis la paix ni troublé la tranquillité de ses concitoyens.

On eut recours, dans une autre circonstance, aux lumières et à la sagacité de Copernic, lorsque la diète polonaise fut convoquée à Graudenz en 1521 ; il fut choisi à l'unanimité pour y représenter le collège des chanoines, et bientôt après nommé rapporteur sur une question de grande importance. Son travail vient d'être publié pour la première fois dans la nouvelle édition de ses œuvres ; on y trouve une science exacte et profonde avec toute la force et la netteté de son excellent esprit appliquées à des questions fort délicates et mises au service de vérités déjà anciennes, mais bien souvent méconnues.

Les difficultés financières, suite nécessaire d'une mauvaise administration, avaient conduit peu à peu les grands maîtres de l'ordre Teutonique à altérer, sans ménagement et sans scrupule, le titre des diverses monnaies ; les dissensions et les revers politiques ayant en même temps brisé l'unité de la Prusse, chaque ville s'était arrogé le droit de battre monnaie, et il en était résulté dans les deux pays, politiquement liés par des droits de suzeraineté, une déplorable confusion. Le marc désignait primitivement un poids d'une demi-livre, et en monnaie de compte valait soixante sous ; d'altération en altération et d'expédient en expédient, on était arrivé à changer les proportions de l'alliage au point de tailler trente marcs ou dix-huit cents sous dans une livre d'argent ; le poids des pièces n'avait pas varié, mais ces sous, qui pesaient autant que nos pièces de dix sous, ne valaient plus, argent fin, que six centimes ; de monnaie d'argent ils s'étaient graduellement transformés en monnaie de billon, qui, acceptée avec répugnance dans l'intérieur du pays, n'était plus reçue par les négociants étrangers. Les intérêts du commerce étaient gravement compromis, et la question s'imposait aux promptes délibérations de la diète. Copernic fut chargé de l'étudier et s'acquitta de sa tâche avec autant de pénétration que de bon sens.

« L'avilissement de la monnaie est, dit-il, un des quatre grands fléaux qui, avec la discorde, les épidémies et la disette, peuvent troubler et agiter un État. » Il combat le préjugé de ceux qui s'imaginaient que l'affaiblissement des monnaies peut abaisser le prix réel des denrées en les mettant plus à la portée des pauvres ; le désordre et la confusion des espèces métalliques ne profitent qu'au changeur, dont le rôle devient plus actif et plus indispensable. Copernic s'applique même à prouver que les colons censitaires, qui doivent aux propriétaires un revenu nominal fixe, perdent eux-mêmes à l'avilissement du titre. C'est le seul point hasardé de sa thèse ; le contraire semble évident : l'altération des monnaies allège la charge des censitaires ; mais le seigneur se trouve précisément lésé d'autant. C'est pour lui une véritable spoliation, et la justice se trouve violée sans nul profit pour la société.

Copernic propose quelques remèdes simples et pratiques, tels que la réduction à deux seulement des ateliers monétaires, le décri des monnaies anciennes et leur remplacement par des sous contenant un quart d'argent fin et taillés à vingt marcs la livre ; il sentait qu'il était impossible de remonter toute la pente et de revenir tout d'un coup à la forte monnaie du quatorzième siècle ; qu'il fallait combiner la réforme de manière à ne pas chasser l'or, sans toutefois l'attirer en trop grande quantité, au détriment de l'argent.

Les principes de Copernic sur les monnaies sont conformes aux saines doctrines de l'économie politique : « La monnaie, dit-il, est une mesure, et, comme toute mesure, elle doit être fixe. Que dirait-on d'une aune ou d'une livre dont la longueur et le poids changeraient au gré des fabricants de mesures ? La valeur de la monnaie provient, non de l'empreinte qu'elle porte, mais de la valeur du métal fin qu'elle contient, et entre ces deux valeurs il ne doit y avoir qu'une seule différence, celle des frais de fabrication ; à quoi bon alors simuler une forte monnaie en alliant un peu d'argent à beaucoup de cuivre ? »

Il n'était pas le premier, d'ailleurs, à proclamer ces vérités aujourd'hui incontestées et banales. Nicole Oresme, en France, s'inspirant des sages mesures de Charles V, avait parlé le même langage avec plus de force encore, en s'élevant contre les altérations scandaleuses qui s'étaient succédé sous le règne de Jean le Bon et de Charles VI. La vérité sur ces questions avait même été formulée nettement par Aristote, et, dans tous les siècles, elle a trouvé des défenseurs convaincus et zélés ; pour une pareille tâche, le génie n'était pas nécessaire, le bon sens suffisait ; mais la voix du bon sens était étouffée sous l'ignorance des peuples et la cupidité inintelligente des gouvernements. Copernic ne fut pas plus heureux que ses prédécesseurs ; malgré la netteté de ses explications et la sagesse des mesures qu'il proposait, on continua, en Pologne comme en Prusse, à altérer de plus en plus les monnaies ; et son excellent rapport serait oublié depuis longtemps, s'il n'avait eu pour sauvegarde le nom illustre de son auteur.

Tels furent les seuls événements de cette vie paisible et cachée ; heureux de se faire oublier, Copernic, peu soucieux des grands emplois et des dignités éminentes, retrouva avec bonheur l'obscurité volontaire de sa retraite et le calme nécessaire à ses travaux. Le reste de sa vie, partagé entre l'astronomie et l'exercice gratuit de la médecine, s'écoula dans la contemplation du vrai et dans la pratique du bien ; craignant toujours les conséquences d'une initiation trop hardie et trop brusque, il propagea ses idées avec plus de persévérance que de zèle, ne révélant ses secrets que peu à peu, choisissant ses disciples sans les attirer jamais et ne pensant pas que la foi scientifique obligeât au martyre ; au milieu des troubles et des dissensions de l'Église, il se trouvait heureux d'être à l'abri de la tempête. Sa loyauté ne songea jamais à taire la vérité, mais il craignait de la professer trop publiquement. On a blâmé cette circonspection en affirmant qu'à cette époque, en Pologne, il eût pu parler sans danger ; mais Copernic était sans doute, sur ce point, meilleur juge que nous ne pouvons l'être.

La réputation du chanoine de Frauenbourg se répandait cependant peu à peu, et son nom était prononcé avec honneur, quoique sans bruit, d'un bout de l'Europe à l'autre ; des avis et des prières venaient de toutes parts l'inviter à publier le livre que sa prudente modestie semblait depuis vingt-sept ans envier au public.

Reynold, dans son discours sur le système de Ptolémée, parlait d'un maître illustre dont l'ouvrage, destiné à restaurer l'astronomie, était attendu avec la plus vive impatience. La science, ajoutait-il, attend un nouveau Ptolémée qui sortira de la Prusse, car là existe un génie divin que la postérité doit bénir. L'évêque de Culm, Gysius, et Nicolas Schomberg, cardinal de Capoue, furent les plus ardents à le solliciter ; ils vainquirent enfin ses irrésolutions, et Copernic, se laissant entraîner par leurs conseils, confia le précieux manuscrit à Gysius ; celui-ci se hâta de l'envoyer au professeur Rheticus, l'un des plus enthousiastes et des plus dévoués parmi les disciples qui étaient venus à Frauenbourg puiser à la source même l'intelligence de la nouvelle doctrine. Rheticus le fit aussitôt imprimer à Nuremberg sous la direction intelligente et zélée de ses amis, Schoner et Osiander : mais Osiander, inquiet au dernier moment, ajouta en tête de l'ouvrage un court avertissement plein d'incertitude et d'hésitation, qui, publié sans nom d'auteur, a été souvent attribué à Copernic.

« Les érudits seront choqués, dit-il, par la nouveauté de l'hypothèse sur laquelle repose ce livre, où l'on suppose la terre en mouvement autour du soleil, qui reste fixe ; mais, s'ils veulent y regarder de plus près, ils reconnaîtront que l'auteur n'est nullement répréhensible. Le but de l'astronomie est d'observer les corps célestes et de découvrir la loi de leurs mouvements, dont il est impossible d'assigner les véritables causes ; il est permis par conséquent d'en imaginer, arbitrairement, sous la seule condition qu'elles puissent représenter géométriquement l'état du ciel, et ces hypothèses n'ont aucunement besoin d'être vraies, ni même vraisemblables. Il suffit qu'elles conduisent à des positions conformes aux observations. Si l'astronomie admet des principes, ce n'est pas pour en affirmer la vérité, mais pour donner une base quelconque à ses calculs. »

Ces lignes, dans lesquelles la prudence simule le scepticisme, sont la négation de la science ; il est impossible de n'y voir que la sage réserve d'un esprit rigoureux et géométrique. Mais ce langage n'est pas celui de Copernic ; il avait trop cherché la vérité pour vouloir déclarer qu'il n'y prétend pas et rabaisser le fruit de ses travaux aux proportions d'une méthode pratique pour calculer les tables astronomiques. Plein de confiance dans sa doctrine, l'illustre auteur la tenait non-seulement pour vraisemblable, mais pour vraie, et l'avertissement d'Osiander est contraire à ses sentiments comme à sa pensée ; la véritable préface du livre est d'ailleurs la lettre sincère et sérieuse adressée par Copernic au pape Paul III. Quoique cette lettre, qui est très-belle, ressemble à une précaution habile contre les conséquences des hardiesses insérées dans le texte, le langage en est plein de dignité et de conviction ; la pensée de l'auteur, que les paroles ne démentent ni n'amoindrissent, est exposée avec candeur et sincérité, sans hauteur, mais sans faiblesse. « Je dédie mon livre à Votre Sainteté, dit-il, pour que les savants et les ignorants puissent voir que ne fuis pas le jugement et l'examen. » — « Si quelques hommes légers et ignorants voulaient, dit-il plus loin, abuser contre moi de quelques passages de l'Écriture, dont ils détournent le sens, je méprise leurs attaques téméraires ; les vérités mathématiques ne doivent être jugées que par des mathématiciens. »

Cette déclaration si ferme et si précise est bien loin, on le voit, de la puérile échappatoire d'Osiander ; tant de hauteur s'accorde mal avec tant de condescendance ; mais la prudence humaine est pleine de contradictions, et l'on ne peut pas affirmer que Copernic n'ait pas vu et approuvé l'avertissement d'Osiander ; son approbation, si elle fut obtenue, a été un acte de pure condescendance envers ses disciples ; elle ne change rien à la portée du livre, dont la précision ne souffre aucune équivoque. Quels dangers pouvait craindre le chanoine de Frauenbourg ? Il est impossible de le savoir : l'Église, réprouvant ses opinions comme mauvaises et détestables, aurait exigé sans doute qu'il les rétractât ; mais elle n'en eut pas le temps ; le premier exemplaire du livre, envoyé à Frauenbourg, arriva trop tard. Copernic, frappé d'apoplexie, put à peine le toucher de ses mains défaillantes et le regarder d'un œil indifférent à travers les ombres de la mort.

Le livre des Révolutions des corps célestes ne produisit d'abord ni bruit ni scandale ; l'ouvrage trouva un petit nombre d'approbateurs et une foule d'indifférents ; il n'inquiéta ni l'Église ni les écoles. L'impétuosité habituelle aux novateurs manque en effet à Copernic ; il n'a pas cette fougue de génie qui agite et entraîne le lecteur ; son esprit, toujours calme, répand le jour d'une raison tranquille et méthodique sur des vérités avec lesquelles il a vécu trop longtemps pour se passionner encore en les contemplant, et s'il éprouva, comme Kepler, l'ivresse enthousiaste de l'invention, il n'en laisse rien voir au lecteur ; en exceptant quelques passages, dans lesquels l'élévation du langage suit, sans l'égaler cependant, la grandeur et la majesté des idées, Copernic n'est ni éloquent ni ému. Son style manque de force et de saillie ; on peut le comparer à une douce lumière qui s'insinue dans les esprits d'élite sans s'imposer au commun des lecteurs.

Le monde pensant mit autant de temps à comprendre le livre des Révolutions que Copernic à le composer ; il a fallu que la véhémence sublime de Kepler, la finesse persuasive de Galilée et la précision magistrale de

Newton vinssent appuyer et affermir sa doctrine pour réduire peu à peu au silence ses opiniâtres contradicteurs.

Copernic est pour nous tout entier dans son livre. Sa vie intime est mal connue. Ce qu'on en sait donne l'idée d'un homme ferme, mais prudent et d'un caractère parfaitement droit ; tout entier à ses spéculations et comme recueilli en lui-même, il aimait la paix, la solitude et le silence. Simplement et sincèrement pieux, il ne comprit jamais que la vérité put mettre la foi en péril, et se réserva toujours le droit de la chercher et d'y croire. Aucune passion ne troubla sa vie ; on ne lui connaît même pas de commerce affectueux et intime ; ennemi des discours inutiles, il ne rechercha ni les éloges ni le bruit de la gloire ; indépendant sans orgueil, content de son sort et content de lui-même, il fut grand sans éclat, et, ne se révélant qu'à un petit nombre de disciples choisis, il a accompli une révolution dans la science sans que, de son vivant, l'Europe en ait rien su.

Les honneurs posthumes ne lui ont pas manqué. Sa mémoire a recueilli ce que sa vie avait amassé, et la gloire, qu'il n'avait pas cherchée, a entouré son nom d'une auréole immortelle. Son livre a été la source d'une vive lumière ; on y a vu avec justice le commencement de la grande œuvre scientifique des temps modernes. Kepler et Newton ont pénétré bien plus avant dans les mystères des mouvements célestes ; mais c'est Copernic qui leur en a livré la clef, et aujourd'hui encore, après leurs immortels travaux, le véritable système du monde se nomme le système de Copernic.

Il n'y a rien, disait le cardinal de Retz, qui soit si sujet à l'illusion que la piété ; toutes sortes d'erreurs se glissent et se cachent sous son voile. » La conduite de l'Église, au sujet de Copernic, n'a pas démenti ce jugement.

Le tribunal de l'Index fut assez téméraire pour condamner formellement la croyance au mouvement de la terre ; le livre des Révolutions fut interdit, *donec corrigatur ;* ce sont les termes de la sentence. Les diverses parties de l'ouvrage sont cependant tellement liées, qu'elles forment un tout indissoluble. Kepler a remarqué qu'il eût mieux valu dire : *donec explicetur*. Il eut mieux valu ne rien dire du tout, car la vérité est toute-puissante et invincible ; et si l'on peut, en la comprimant, retarder quelque temps son triomphe, c'est pour en accroître l'éclat. « Ce n'est pas, a dit Pascal, le décret de Rome sur le mouvement de la terre qui prouvera qu'elle demeure en repos, et, si l'on avait des observations constantes qui prouvassent que c'est elle qui tourne, tous les hommes ensemble ne l'empêcheraient pas de tourner et ne s'empêcheraient pas de tourner avec elle. »

Les observations dont parle Pascal se sont succédé, nombreuses et inexplicables dans les idées anciennes ; des expériences convaincantes ont produit une évidence égale à la certitude, et l'Église elle-même s'y est enfin rendue, bien lentement, il est vrai, et sans en faire bruit.

Vers la fin du dix-septième siècle, Bossuet regardait la question comme tranchée par une décision péremptoire et irrétractable, et ne daignait pas même y faire allusion lorsqu'il écrivait : « Il n'y a pas de cours si impétueux que la toute-puissance divine n'arrête quand il lui plaît ; considérez le soleil, avec quelle impétuosité il parcourt cette immense carrière qui lui a été ouverte par la Providence ! Cependant vous n'ignorez pas que Dieu ne l'ait fixé autrefois au milieu du ciel à la seule parole d'un homme. » Fénelon, il est vrai, sans contredire formellement une décision qu'il respectait, s'exprime d'une manière moins tranchante et admet la possibilité d'une erreur. « Où va cette flamme ? dit-il ; qui lui a appris à tourner sans cesse et si régulièrement dans des espaces où rien ne la gêne ? Ne circule-t-elle pas autour de nous tout exprès pour nous servir ? » Mais il ajoute : « Si cette flamme ne tourne pas, et si, au contraire, c'est nous qui tournons, je demande d'où vient qu'elle est si bien placée dans le centre de l'univers, pour être comme le foyer et le cœur de toute la nature ? »

Cinquante ans plus tard, l'inflexible sentence alarmait encore les prudents et les simples, et l'on inscrivait régulièrement sur la liste des ouvrages prohibés : *Libri omnes qui affirmant telluris motum.*

Le père Boscovich, dans une dissertation imprimée à Rome en 1746, cherche à déterminer l'orbite d'une comète d'après trois observations : problème complètement impossible, si l'on suppose la terre immobile. Boscovich n'a pas cependant la dangereuse audace de s'avouer partisan de Copernic :

« Pour moi, dit-il, plein de respect pour les saintes Écritures et pour le décret de la sainte Inquisition, je regarde la terre comme immobile. » Mais, une fois en règle avec sa conscience, le savant jésuite, employant précisément le même détour qu'Osiander, ajoute aussitôt : « Toutefois, pour la simplicité des explications, je ferai comme si elle tournait ; car il est prouvé que, dans les deux hypothèses, les apparences sont semblables. »

Devenu plus libre après la suppression de son ordre, il réimprima la même dissertation à Venise, en 1785, en y ajoutant la note suivante : « Le lecteur, en lisant ce passage, ne doit pas oublier le lieu et l'époque de la première publication. »

Les défenses aujourd'hui n'ont plus rien d'absolu, et l'Église tolère les livres qui affirment le mouvement de la terre.

Cependant, lorsqu'en 1829, la ville de Varsovie éleva un monument au fondateur de l'astronomie moderne, la Société des Amis des Sciences attendit en vain dans l'église de Sainte-Croix le service annoncé par une solennelle convocation : aucun prêtre ne parut. Le clergé n'avait pas cru, au dernier moment, qu'il lui fût permis de consacrer par son concours les honneurs rendus à un homme dont le livre a été mis à l'index, et qui mourut sans le corriger.

# Chapitre II

## TYCHO BRAHÉ et ses travaux

Après avoir lu les vagues et incertaines théories de Descartes sur le système du monde, Pascal écrivait avec découragement : « Il faut dire en gros : Cela se fait par figure et mouvement ; mais de dire quels, et composer la machine, cela est ridicule. »

Lorsque l'illustre penseur traçait ces lignes, effacées, il est vrai, aussitôt qu'écrites, il n'estimait plus que « toute la philosophie valût une heure de peine. » Son esprit malade pouvait médire de la science et la condamner, mais l'auteur du traité sur le vide savait mieux que personne cependant qu'il est impossible de lui faire ainsi sa part ; les détails les plus minutieux et les plus humbles en apparence peuvent seuls montrer, même en gros, comment les choses se passent et servir de pierre de touche aux théories ; et si on les néglige, on peut s'enfoncer, comme le craint Pascal, avec une confiance qu'eux seuls peuvent faire disparaître, dans la contemplation de systèmes inexacts ou de conceptions ridicules. À côté, quoique un peu au-dessous, des grands hommes qui ont peu à peu constitué la vraie théorie des mouvements célestes, il est donc juste de placer ceux qui, pénétrés d'avance de la nécessité d'observations précises et nombreuses, ont laborieusement et ingénieusement préparé les matériaux de l'édifice. Leur rôle est aussi indispensable, et leur génie, quoique moins éclatant, est peut-être tout aussi rare.

Par la date comme par le nombre, l'exactitude et l'importance historique de ses travaux, le premier des grands observateurs modernes qui ait accompli cette tâche plus utile qu'illustre, est le danois Tycho Brahé.

Tycho Brahé naquit à Knudstorp, en Danemark, le 15 octobre 1546. Il était le second de dix enfants que sa riche et noble famille éleva sans peine et plaça successivement dans de hautes positions. Dès la naissance de Tycho, son oncle Georges Brahé, qui était resté sans enfants, demanda à se charger complètement de lui ; mais le père et la mère n'y consentirent que plusieurs années après, lorsque la naissance d'un second fils les rendit certains de garder auprès d'eux un représentant du nom de Brahé, pour l'élever suivant leurs vues. Ils regardaient la carrière des armes comme la seule digne d'un gentilhomme, et l'étude des lettres comme absolument superflue. Telles n'étaient pas, heureusement, les idées de Georges Brahé. Après avoir soigneusement instruit l'enfant jusqu'à l'âge de douze ans, il l'envoya à Copenhague pour y faire ses classes de rhétorique et de philosophie. Des vers latins élégants et faciles, fréquemment mêlés dans la suite à ses : productions scientifiques, témoignent du succès de cette première éducation et font honneur à l'université de Copenhague.

Non-seulement Tycho devint savant et lettré en dépit de ses parents, qui trouvaient plus noble de ne rien savoir, mais Sophie Brahé, la plus jeune de ses sœurs, animée du même esprit et surmontant sans doute des obstacles beaucoup plus grands, cultiva aussi les études les plus élevées : elle devint, jeune encore, habile en astronomie, et composa, comme son frère, un grand nombre de vers latins. On a conservé d'elle une pièce de six cents vers adressée à son époux absent, auquel elle demande avec beaucoup de grâce, non une réponse, mais un prompt retour : Urania, dit-elle, c'est le nom qu'elle choisit par allusion à ses études,

*Nil sibi rescribi, te sed adesse cupit.*

Pendant son séjour à Copenhague, Tycho observa une éclipse de soleil annoncée longtemps à l'avance par les astronomes. L'accomplissement précis de leurs prédictions produisit sur le jeune écolier, alors âgé de treize ans, une forte et durable impression : un secret instinct le poussa à se procurer les éphémérides qui donnaient jour par jour la situation des astres ; et, tournant chaque nuit ses regards vers le ciel, il vérifiait grossièrement leur exactitude avec une muette mais insatiable admiration.

Il acquit ainsi rapidement, quoique avec bien du travail, les premières notions d'astronomie.

Lorsque Tycho eut atteint l'âge de seize ans, son oncle, qui le destinait à l'étude du droit, l'envoya à Leipzig pour y compléter son éducation sous la direction d'un précepteur. Poussé cependant par une curiosité de plus en plus savante, il continua à étudier le ciel en consacrant la plus grande partie de ses épargnes à l'achat de livres d'astronomie.

En 1565, âgé alors de dix-neuf ans, il observa la conjonction, c'est-à-dire la rencontre dans le ciel, des planètes Saturne et Jupiter. Les tables étaient de plusieurs jours en erreur sur la date du phénomène, auquel les idées superstitieuses du temps accordaient une grande et mystérieuse influence. Cela n'était pas tolérable, et Tycho se promit de construire des tables nouvelles plus étendues et plus exactes. Glorieusement fidèle à cette résolution, il fit de sa réalisation la préoccupation constante et l'œuvre laborieuse de toute sa vie. Son assiduité aux observations ne l'éloignait pas des plaisirs de son âge ; Tycho jeune et riche était recherché dans les fêtes, auxquelles il aimait à prendre part. L'une d'elles, dans la petite ville de Rostoch, eut pour lui de fâcheuses conséquences. Il engagea avec un gentilhomme danois une discussion dans laquelle un des deux adversaires, vraisemblablement Tycho, montra beaucoup de dédain pour les connaissances mathématiques de l'autre ; l'amour-propre fut assez vivement froissé pour amener un duel immédiat. À sept heures du soir, au mois de novembre, ils sortirent dans un jardin, et sans prendre le temps de faire apporter des flambeaux, ils se battirent au sabre. Tycho eut le nez coupé. Il le remplaça par un nez d'argent, fabriqué, dit-on, avec assez d'art pour que la difformité fût peu choquante. Cependant cet accident, en diminuant pour lui les attraits du monde, augmenta son ardeur pour les études astronomiques, et lui donna le loisir de s'y appliquer tout entier.

Après plusieurs années de voyages en Italie, en Suisse, en Allemagne et en Suède, Tycho revint à Copenhague. Ses travaux astronomiques étaient, toujours aux yeux de ses nobles parents, un délassement passager et indigne de son rang dans le monde. Cependant son oncle, vaincu par sa persévérance, s'habitua peu à peu à l'idée d'avoir un astronome dans sa famille, et favorisa même ses goûts en lui faisant construire un observatoire et un laboratoire de chimie, qui, dans sa pensée comme dans celle de Tycho, devait en être le complément nécessaire. Les planètes et les métaux ayant des affinités alors incontestées, leur étude devait se prêter un mutuel secours, La persévérance de Tycho parvint à diminuer les préventions de sa famille contre la culture des sciences, mais les maximes et l'esprit de celle-ci ne restèrent pas non plus sans influence sur le jeune astronome et le firent hésiter longtemps à publier son premier ouvrage.

Riche d'observations nombreuses relatives à une nouvelle étoile subitement apparue dans le ciel et assidûment observée pendant dix-huit mois, il craignait de les publier, Non pas que, comme plus tard Newton, il se trouvât trop jeune encore pour s'adresser au public, mais le titre d'auteur lui paraissait compromettant pour sa dignité de gentilhomme. Pierre Oxonius, allié de sa famille, et qui, chancelier de la couronne, se trouvait revêtu de plus haute dignité à laquelle un sujet pût prétendre en Danemark, l'engagea à se montrer moins scrupuleux et à publier le livre en se bornant à cacher, par convenance, son nom et sa haute naissance. Tycho suivit son conseil ; mais, au dernier moment, content sans doute de son ouvrage, il se décida à inscrire sur la première page le nom illustre des Brahé.

Le ciel, suivant Aristote, a reçu tout d'abord toute sa perfection et les corps célestes ne peuvent ni naître ni périr. Les péripatéticiens refusaient, dit Tycho, toute discussion sur ce point et ne répondaient que par des railleries à leurs contradicteurs. Les exemples d'étoiles subitement apparues sont cependant nombreux dans l'histoire de l'astronomie ; Tycho ne l'ignore pas, et, en rapportant le principe d'Aristote, il fait judicieusement observer que les abîmes de la nature sont insondables. Sans chercher à pénétrer les mystères de la génération des mondes, il croit, par une finesse un peu subtile, tout concilier et éviter tous les inconvénients, en supposant que l'étoile nouvelle soit de nature artificielle, ressemblant aux étoiles qui l'entourent sans partager leur immuable solidité, comme l'or des alchimistes, lorsqu'ils l'auront obtenu, ressemblera à l'or naturel en conservant avec lui de notables différences qu'il a la hardiesse de préciser.

Il se permet également de chercher, mais avec défiance, l'influence qu'un phénomène aussi considérable doit exercer sur les affaires du monde. L'événement, par sa rareté même, échappe malheureusement aux règles de l'art, qui ne permettent que des pronostics timides et douteux. Heureux pourtant ceux qui sont nés au moment de l'apparition de l'étoile ! s'ils atteignent l'âge de quarante-huit ans, l'influence énergique aura sur eux tout son effet, et ils feront de grandes choses. Sans oser rien affirmer de précis, il ne peut enfin se dispenser de citer un passage d'Isaïe qui lui semble relatif à l'astre nouveau :

« Je ferai venir l'or au lieu de l'airain, de l'argent au lieu du fer, de l'airain au lieu de bois, et du fer au lieu de pierre, et je ferai que la paix te gouvernera et que tes exacteurs ne feront que justice. »

L'ouvrage de Tycho est, dans sa partie astronomique, un mélange confus d'observations exactes et d'appréciations erronées. Il affirme, et il a raison, que cette étoile est située bien au delà de notre système planétaire et incomparablement plus loin que Saturne, mais la démonstration qu'il en donne laisse subsister bien des doutes. Il cherche en effet la parallaxe de l'étoile, c'est-à-dire l'angle sous lequel un de ses habitants aperçoit le rayon de notre terre : il trouve cet angle complètement nul, d'où il conclut que la distance est comme infinie ; mais, à l'aide de la même méthode, il obtient pour Saturne une parallaxe de 1/3 de minute. La véritable valeur, bien connue aujourd'hui, est une seconde au plus, et le résultat de Tycho est vingt fois trop grand : cela ne donne pas confiance dans les autres.

L'ouvrage, dans son ensemble, parut excellent et fit la réputation de l'auteur dans l'Europe entière. On y admira surtout l'analyse critique des nombreux écrits publiés sur la même question : Tycho loue, corrige, reprend les plus célèbres astronomes avec beaucoup de finesse et de supériorité, en remuant une foule de difficultés dont le choix découvrait déjà la pénétration de son esprit exact et précis. On vit dans le nouveau livre la révélation d'un talent de premier ordre, et l'on ne se trompa pas.

La modestie du gentilhomme astronome fut bientôt soumise à une seconde épreuve : les étudiants de Copenhague lui demandèrent un cours public sur les matières qu'il avait approfondies. Secrètement flatté sans doute d'une telle démarche, il craignait cependant de déroger en y accédant ; mais le roi lui-même ayant joint sa prière à celle de l'université, Tycho se rendit aussitôt et de très-bonne grâce. On nous a conservé sa première leçon : « Hommes illustres et studieux étudiants, dit-il, j'ai été prié, non-seulement par quelques amis, mais par notre sérénissime roi lui-même, de vous faire quelques leçons publiques d'astronomie. Quoique cette tâche convienne mal à ma condition et soit peut-être au-dessus de mes forces, ni je n'ai pu décliner l'honneur de l'invitation royale, ni je n'ai voulu refuser d'accéder à votre demande. » Il entre ensuite en matière en vantant l'importance des études astronomiques et la certitude des renseignements que l'astrologie peut fournir sur les événements de toute nature : « Mais par quelle bizarre injustice cette science si noble et si utile trouve-t-elle tant d'incrédules, lorsque l'arithmétique et la géométrie n'en ont jamais rencontré un seul ? » Tycho se le demande très-sérieusement, et, forcé de reconnaître que la science des pronostics a des adversaires, il s'efforce consciencieusement de les combattre et de les convaincre : « Et d'abord, si les étoiles et les planètes sont sans influence sur nos destinées, à quoi servent-elles ? Peut-on cependant être assez impie pour accuser Dieu d'injustice et d'iniquité en supposant qu'il ait créé en vain le grand et beau spectacle des cieux et l'innombrable armée des étoiles ? Nous pouvons, il est vrai, utiliser leur marche pour la mesure du temps, mais est-il raisonnable de prendre le monde entier pour une gigantesque horloge ? Quoi ! l'herbe la plus humble, la pierre la plus grossière, l'animal le plus vil, auraient toujours ici-bas, pour qui sait la trouver, une propriété utile ou précieuse ; et l'on admettrait que les substances éternelles et incorruptibles qui roulent sur nos têtes sont destituées par la Providence de toute action bienfaisante ? Qui ne connaît d'ailleurs l'influence du soleil sur la substance cérébrale, sur la moelle des os, comme sur celle des arbres et sur la chair des écrevisses ? ignore-t-on l'influence de la lune sur les mouvements de l'Océan ? Qui ne sait que la pluie, le vent, le tonnerre et la foudre accompagnent le rapprochement de Mars et de Vénus ? Que l'on n'objecte pas la variété infinie des phénomènes terrestres qui, causés ainsi par des apparences périodiques, devraient se renouveler, toujours les mêmes et dans le même ordre. Niera-t-on l'influence des parents sur les enfants, parce que les fils du même père et de la même mère ne se ressemblent pas ? Jacob et Ésaü, nés au même moment et soumis aux mêmes influences sidérales, ont eu des destins bien divers ; cela est certain, il serait inutile de dissimuler l'objection, mais la réponse n'appartient pas à la physique : les vues mystérieuses du Créateur ne connaissent pas d'obstacle, et celui à qui la nature est soumise a dit : « J'ai chéri Jacob et j'ai eu de la haine pour Ésaü, « *Jacob dilexi, Esau autem odio habui.* »

J'abrège beaucoup ces citations, qui sont textuelles, et qui donnent, je crois, une idée suffisante de l'état des esprits en 1574.

Tycho, on le voit, était pénétré de l'importance de sa noble condition et du sentiment de sa supériorité sur les roturiers. Le reste de sa vie, qui ne dément pas ce jugement, permet difficilement de comprendre le mariage qu'il contracta, à cette époque, avec une simple paysanne. Le très-prolixe historien de sa vie, Gassendi, le raconte en termes tellement brefs, qu'il semble partager l'indignation inspirée par cette mésalliance aux nobles parents de son héros.

« Tycho, dit-il, songeait à retourner en Italie et en Allemagne, mais deux empêchements le retinrent, la fièvre d'abord, et son mariage, qui paraît avoir eu lieu à cette époque. » D'autres biographes ajoutent que la plébéienne Christine était d'une grande beauté, et cette conjecture, si c'en est une, est au moins très-vraisemblable.

Moins d'une année après son mariage, nous retrouvons Tycho à Cassel, près du landgrave de Hesse. Ce prince, passionné lui-même pour l'étude du ciel, passa plusieurs nuits à observer avec Tycho, mais leurs relations ne durèrent que peu de jours. Le landgrave perdit une de ses filles, Tycho, pour ne pas troubler sa douleur, quitta Cassel et se rendit à Bâle, où il forma le dessein de se fixer. Mais le landgrave, charmé par sa conversation et par son érudition, écrivit au roi de Danemark pour le féliciter d'avoir un tel homme parmi ses sujets. Le roi Frédéric, animé déjà de sentiments très-bienveillants pour la famille Brahé, résolut de s'attacher définitivement Tycho ; il lui envoya un messager pour hâter son retour à Copenhague, où l'attendait la position la plus brillante et la plus favorable au travail peut-être qui ait jamais été faite à un homme de science.

Le roi Frédéric concéda à Tycho, pour sa vie entière, la libre disposition et la propriété de l'île d'Hueno, située à trois lieues de Copenhague. Cette île, dont la circonférence est de deux lieues environ, est fertile, riche en gibier de toute espèce, et contient un grand nombre d'étangs poissonneux.

L'établissement principal, qui reçut le nom d'Uranibourg, fut un véritable château, construit sur le plateau central de l'île, à un quart de lieue de la mer. Avec le luxe d'un grand seigneur et l'intelligence d'un astronome consommé, Tycho réunit aux convenances d'une existence fastueuse toutes les dispositions favorables à l'étude de l'astronomie. Dans les appartements décorés de peintures et de statues, d'ingénieuses inscriptions rappelaient les progrès de la science du ciel et la mémoire des plus illustres astronomes ; c'est dans cette retraite que Tycho, s'élevant au-dessus des plaisirs du monde et du tumulte importun de la cour, devait acquérir une noblesse nouvelle, inconnue à ses illustres ancêtres, et rendre à leur nom plus d'éclat qu'il n'en avait reçu d'eux.

Autour du château s'élevèrent bientôt des ateliers de construction et de réparation, une imprimerie pour la publication des travaux achevés, et des constructions de toutes sortes destinées à recevoir les nombreux instruments dont l'ébranlement du sol des appartements aurait dérangé la rigoureuse précision. Des laboratoires de chimie permettaient enfin, conformément aux idées de l'époque, de mêler à l'étude des astres celle des métaux soumis à leur influence. Une vingtaine de jeunes gens, choisis parmi les plus habiles des universités danoises, étaient employés aux observations et aux calculs. Véritables apprentis astronomes, ils s'instruisaient en voyant travailler leur maître ; guidée par l'esprit ardent et communicatif de son chef, la petite colonie sembla bientôt ne former qu'une seule famille ; sans inquiétude comme sans ambition, ces jeunes gens d'élite, unis par le même lien qui les attachait à la science, préoccupés des mêmes problèmes et attentifs aux mêmes phénomènes, s'animaient les uns les autres en se prêtant une mutuelle et cordiale assistance.

Tout semblait autour d'eux conspirer au même dessein et les inviter au travail ; respirant pour ainsi dire l'amour de l'astronomie, ils s'empressaient d'apporter au trésor commun leur butin de chaque jour, heureux de penser qu'il devait vivre à jamais, et sans se soucier d'y attacher leur nom.

Excitant leurs efforts par l'irrésistible attrait de son exemple, échauffant les tièdes par sa continuelle ardeur, prêtant aux faibles l'appui de sa force, et adoucissant par son équité conciliante les contrariétés des naturels opposés, Tycho faisait régner autour de lui une concorde bien rarement troublée.

Voulant renouveler et réformer l'astronomie tout entière, son premier soin devait être de fixer avec précision la position des cercles fondamentaux de la sphère céleste, en mesurant exactement la hauteur du pôle au-dessus de l'horizon. Il entreprit ce travail par deux méthodes distinctes, suivies toutes deux avec un soin extrême et reposant l'une et l'autre sur de nombreuses observations qui devaient se contrôler mutuellement et conduire au même but par des voies très-différentes. Ce double travail, recommencé avec des soins minutieux dont il rapporte scrupuleusement le détail, donna constamment des résultats discordants. Tourmenté par cette contradiction imprévue qui venait dès le début interrompre tous ses projets, Tycho étudia avec impatience toutes les causes d'erreur ; il accusait les instruments et les corrigeait sans cesse ; aussi adroit qu'ingénieux, et n'épargnant ni la peine, ni la dépense, il en fit construire jusqu'à dix sur des modèles différents. Tout fut inutile, et un écart de quatre minutes, qui subsistait obstinément, lui prouva avec certitude que l'une des méthodes était erronée.

Après bien des tentatives et des conjectures, il chercha la cause de cette erreur dans la réfraction ; les rayons lumineux, lorsqu'ils pénètrent dans notre atmosphère après avoir traversé les espaces vides, sont en effet détournés de leur route, et nous montrent les astres plus haut qu'ils ne le sont réellement.

C'est là un fait de la plus haute importance, dont l'étude attentive est un des grands services que Tycho ait rendus à l'astronomie. Cette découverte, cependant, dut causer tout d'abord un profond découragement dans l'île d'Uranibourg : si, en effet, les rayons envoyés par les astres nous arrivent déviés, et déviés aussi inégalement ; si l'atmosphère qui nous entoure ne nous laisse voir le ciel que défiguré, pour ainsi dire, comme dans un miroir infidèle ; si les apparences diffèrent de la réalité, à quoi bon tant de soin pour les observer avec une minutieuse exactitude ? Comment espérer de fonder solidement sur des bases aussi fragiles ? Tycho vit clairement le danger, et, pour y porter remède, il s'occupa avant tout de construire une table de correction, qui tient dans son livre un quart de page, mais qui lui coûta de longs travaux, et qui, perfectionnée par les plus illustres astronomes, doit être appliquée à toutes les observations astronomiques.

Copernic avait déterminé la hauteur du pôle sans tenir compte des réfractions : il devait donc s'être trompé sur cette première base de toutes les déterminations astronomiques. L'illustre Polonais était une des lumières de la science, et l'autorité de son nom faisait accepter sans contrôle tous résultats inscrits dans son livre. Il fallait nécessairement savoir à quoi s'en tenir sur un point aussi important. Tycho envoya un de ses collaborateurs à Frauenbourg, pour y mesurer directement la latitude de l'observatoire, abandonné depuis la mort de l'illustre chanoine. Les prévisions étaient malheureusement bien fondées, et l'on constata une erreur de quatre minutes.

Les chanoines polonais furent pleins d'égards pour l'envoyé de Tycho : ils le chargèrent, lorsqu'il les quitta, de rapporter à Uranibourg un présent bien précieux et qui y causa une grande joie : ils envoyèrent à Tycho les règles de bois, grossièrement divisées à l'encre, qui, construites par Copernic, avaient suffi à toutes ses observations. Pieusement conservées jusque-là, ces précieuses reliques se trouvaient exposées à périr par la négligence d'un successeur oublieux ou indifférent. Tycho fut jugé digne d'en être le dépositaire : leur arrivée fut une fête pour tous les habitants de l'île. Tycho les suspendit comme un trophée dans la salle d'honneur, secrètement flatté peut-être d'opposer à leur simplicité grossière la délicate précision des instruments qui les entouraient.

Il composa, pour célébrer leur possession, une pièce de vers latins où respire pour Copernic une vive et légitime admiration.

« En entassant montagnes sur montagnes, dit-il, les géants ne purent escalader les cieux. Confiant dans les ressources de son esprit, Copernic, guidé par ces légers bâtons, a su pénétrer les voûtes célestes. Ils sont de bois, mais l'or lui-même envierait leur gloire, s'il pouvait la connaître. »

Malgré son admiration pour l'illustre Polonais, Tycho n'admettait pas le système de Copernic, la doctrine du mouvement de la terre lui semblait contredite par les expériences de chaque jour.

Les objections que Tycho croit les plus fortes contre le mouvement de la terre sont empruntées la mécanique. Elles s'évanouissent devant les premiers principes de cette science, qui n'existait pas alors et qui, créée par Galilée, devait fournir, au contraire, des arguments irrésistibles en faveur du système de Copernic et convaincre les plus opiniâtres, longtemps avant que, de nos jours, M. Léon Foucault vînt, par ses belles et ingénieuses expériences, en montrer enfin l'évidence égale à la certitude.

La grandeur qu'il faudrait supposer aux étoiles avait également préoccupé Tycho comme un argument très-sérieux contre le mouvement de la terre. Si nous tournons, en effet, autour du soleil, ce déplacement, dont nous n'avons pas conscience, doit donner naissance à un mouvement apparent, égal et contraire, de tous les astres que nous observons ; et comme les instruments les plus précis ne révèlent chez les étoiles aucun mouvement de ce genre, il faut supposer leur distance assez grande pour rendre ce déplacement imperceptible. On doit donc admettre, suivant l'expression d'Archimède reproduite par Pascal, que le vaste tour de la terre n'est qu'un point très-délicat à l'égard du tour que les astres qui roulent dans le firmament embrassent.

Malgré cette immense distance, Tycho, trompé par l'imperfection de ses instruments, croyait apercevoir aux étoiles de première grandeur un diamètre apparent de 3′, et il concluait que, contrairement à toute vraisemblance, leurs dimensions devraient surpasser de beaucoup la distance du soleil à la terre. Ce résultat est fondé sur une illusion : loin de soutenir un angle de trois minutes, les étoiles ne sont pour nous que des points brillants dont le diamètre apparent semble diminuer sans limite avec la perfection des instruments qui nous le montrent ; mais, fussent-elles plus immenses encore que ne le supposait Tycho, on doit s'étonner qu'il y ait vu une difficulté ; habitué à contempler tant de merveilles incompréhensibles, il aurait dû, moins que tout autre, conserver l'audace d'assigner des limites à l'immensité de la nature.

Malgré son désaccord avec Copernic sur le mouvement de la terre, le livre des révolutions avait éclairé Tycho, et les objections du judicieux chanoine contre le système de Ptolémée lui semblaient décisives.

Tourmenté par les raisons invincibles qui détruisaient à ses yeux la vérité de l'un et de l'autre système, il prit, après bien des hésitations, le parti de se partager entre eux, en adoptant dans chacun ce qui lui semblait clairement démontré.

Les planètes tournent, suivant lui, autour du soleil, et il a adopté en cela le système de Copernic ; mais en soustrayant la terre à la loi commune et nous laissant immobiles pour faire tourner autour de nous non-seulement le soleil, mais l'univers tout entier, il détruit l'unité qui en faisait la beauté et la force. À côté de cette hypothèse rétrograde dans laquelle il s'égare, et que, pour sa gloire, il faudrait oublier, viennent se placer des théories importantes et des travaux à jamais illustres.

La plus célèbre découverte de Tycho est celle de la variation de la lune. Pour l'exposer en détail il faudrait entrer dans de longues explications qui ne seraient pas ici à leur place, et je dois me borner à essayer de donner seulement une idée claire de la question.

Le soleil et la lune tournent, dans les idées de Tycho comme dans celles de Ptolémée, autour de la terre, qu'ils regardent tous deux comme immobile ; et les lois précises de cette double révolution sont l'un des résultats les plus importants que l'astronomie ait à nous apprendre.

Hipparque avait aisément reconnu que les deux mouvements ne sont pas uniformes : il croyait néanmoins expliquer les inégalités en supposant que chacun des deux astres se meut en réalité sur un cercle uniformément parcouru dont la terre n'occupe pas le centre. Ils sont alors alternativement plus éloignés et plus rapprochés de nous, et c'est pour cela que, sans changer de vitesse, ils nous semblent aller plus lentement ou plus vite.

Cette théorie satisfait grossièrement aux apparences et conduit à des positions à très-peu près exactes lors des pleines lunes et des nouvelles lunes, et, par conséquent, au moment des éclipses, sur l'observation desquelles devait surtout porter la vérification.

La théorie d'Hipparque fut donc admise sans difficulté jusqu'à l'époque où Ptolémée voulut la soumettre à un examen plus sévère : il détermina avec soin l'époque des quadratures, c'est-à-dire l'instant où le rayon vecteur qui réunit la terre à la lune est perpendiculaire à celui qui se dirige vers le soleil ; mais la théorie s'accordait mal avec les observations, et la différence entre l'époque calculée et celle qu'il déterminait directement s'élevait quelquefois à cinq heures : il fallait donc modifier la théorie, et c'est ce qu'il fit en y introduisant une inégalité qui a été depuis nommée *évection*, et dont le caractère principal est de s'annuler lors des conjonctions, en acquérant sa plus grande valeur à l'époque des quadratures.

Tycho, reprenant à son tour la théorie de Ptolémée, lui fit subir une épreuve nouvelle en étudiant particulièrement les *octants*, c'est-à-dire l'époque où les deux rayons vecteurs font un angle de 45° ou de 135°. La différence entre l'époque observée et l'époque calculée s'éleva jusqu'à 1 heure 20 minutes. Corrigeant en conséquence la loi du mouvement, il plia la règle aux observations nouvelles en introduisant dans la théorie l'inégalité nommée *variation*, qui dépend non-seulement de la distance de la lune au soleil, mais de leur position par rapport au point variable de l'orbite lunaire que l'on nomme le *périgée*, et qui est celui où la lune s'approche le plus de la terre.

Toutes ces corrections successivement apportées à la théorie du mouvement de la lune ne représentent pas la loi mathématique du phénomène, et deviennent insuffisantes dès que des observations plus précises permettent un contrôle plus rigoureux.

La correction apportée par Tycho ne satisfaisait pas complètement encore à la précision de ses observations et laissait subsister une erreur variable, qu'il trouvait, dans certains cas, égale à quatre minutes et demie, et qui, indépendante de la position de la lune dans son orbite, dépend uniquement de celle du soleil ; la lune est retardée lorsque le soleil va du périgée à l'apogée ; elle avance au contraire pendant l'autre moitié de l'année : cette inégalité, entrevue seulement par Tycho, se nomme *équation annuelle*.

À celle-là sont venues depuis s'en joindre bien d'autres, dont le nombre semble devoir s'augmenter sans limite. La lune a échappé jusqu'ici aux tables les plus exactes, mais les inégalités, il faut bien le remarquer, ne sont nullement des dérangements ; plus heureux que Tycho, nous en connaissons aujourd'hui les principes ; les lois du phénomène, quelque compliquées qu'elles soient, n'en sont pas moins absolues et immuables, et l'accord de plus en plus parfait de la théorie avec l'observation est une des preuves les plus décisives de la perfection de l'une et de l'autre.

Le plan de l'orbite de la lune forme, comme on sait, un angle de 5 degrés environ avec celui de l'orbite terrestre, habituellement nommé *écliptique*. Mais, en conservant une inclinaison à peu près constante, cette orbite tourne avec une vitesse telle, que son intersection avec l'orbite terrestre, que l'on nomme la *ligne des nœuds*, accomplit une révolution complète en dix-huit années et huit mois.

Telles étaient les lois simples découvertes par Hipparque et acceptées par ses successeurs.

Tycho, en voulant les vérifier, fut conduit à les corriger ; l'inclinaison de l'orbite de la lune sur l'écliptique, mesurée par sa plus grande latitude, n'est pas constante comme Hipparque l'avait cru : elle varie de 5° 17′ 1/2 à 4° 58′. L'inclinaison la plus grande a lieu lorsque le nœud correspond à la syzygie, c'est-à-dire à la pleine ou à la nouvelle lune et la plus petite lorsque le nœud correspond aux quadratures.

Tycho trouva enfin que le mouvement rétrograde du nœud s'accomplit en 18 ans 2/3, comme Hipparque l'a reconnu, mais que, pendant cette période, il est loin d'être uniforme. En calculant les positions successives dans l'hypothèse d'une rotation uniforme, l'erreur commise peut s'élever à près de deux degrés : elle acquiert sa plus grande valeur lorsque, en passant à son nœud, la lune dans un octant ; elle est nulle, au contraire, quand le nœud est en syzygie, et, comme c'est sur cette époque qu'Hipparque, préoccupé des éclipses, portait surtout son attention, on s'explique que l'inégalité lui ait échappé.

Les travaux de Tycho sur la lune lui assurent une place parmi les inventeurs, mais c'est surtout par son application patiente et son assiduité sans relâche au détail des opérations régulières de chaque jour, qu'il a bien mérité de l'astronomie. Sa plus chère ambition était la formation de tables exactes des mouvements planétaires, et sa vie entière fut une longue préparation à cette œuvre immense, qu'il ne put achever, mais dont il a laissé tous les éléments.

Il a apporté dans la construction et dans l'emploi des instruments une perfection inconnue avant lui, et qui reste un de ses principaux titres, malgré les progrès immenses accomplis par ses successeurs. Comprenant le premier toute l'importance des circonstances dans lesquelles les mesures étaient prises, il ne craignait pas de recourir à des déterminations indirectes en demandant au calcul les grandeurs dont l'observation directe lui semblait peu précise ; à la sphère armillaire de Ptolémée et du roi Alphonse il a substitué le cercle mural pour déterminer directement la déclinaison des astres. L'imperfection de ses instruments d'horlogerie ne lui permettait pas, il est vrai, de mesurer directement les ascensions droites ; il devait les obtenir par la résolution d'un triangle sphérique, et les valeurs trouvées, quoique peu précises, dépassaient de beaucoup par leur exactitude toutes celles que l'on avait obtenues jusque-là.

Après treize années de travaux poursuivis sans relâche avec une infatigable patience, la mort du roi Frédéric vint inquiéter la petite colonie astronomique et troubler sa laborieuse et douce tranquillité. L'héritier du trône fut le jeune Christian IV, qui témoigna d'abord à Tycho une affectueuse estime ; mais, tout en conservant leurs avantages officiels, les habitants d'Uranibourg, tourmentés par de cruelles inquiétudes, n'avaient plus toute la liberté d'esprit nécessaire à leurs travaux. Tycho avait conservé toute la fierté de sa race ; en consacrant sa vie à la science, il croyait n'avoir amoindri ni sa valeur ni sa dignité ; quoique naturellement cordial et plein de courtoisie, il savait à l'occasion rappeler aux seigneurs les plus hautains que la volonté du roi l'avait fait tout-puissant dans son île, et leur rendre dédain pour dédain. Il s'était fait beaucoup d'ennemis. Les médecins, d'un autre côté, ne lui pardonnaient ni les conseils souvent heureux qu'il donnait aux malades, ni les remèdes secrets qu'il préparait et répandait généreusement bien au delà des limites de son île. Ces redoutables inimitiés ne se produisirent pas immédiatement au grand jour. On se bornait, en mêlant artificieusement le vrai avec le faux, à le décrier dans l'esprit du roi par la vague expression d'une malveillance presque générale : on relevait les petites faiblesses de son orgueil, l'accusant d'affecter une complète indépendance et de s'arroger dans son île une autorité excessive et sans limites. On énumérait les grâces et les libéralités non interrompues, reçues depuis quinze ans ; on additionnait les sommes dépensées pour satisfaire une vaine ostentation et une inutile curiosité ; on insinuait qu'il serait temps de mettre un terme à tant de profusion et de prodigalité ; on critiquait avec amertume le faste et l'esprit de grandeur de Tycho, l'éclat et l'ordonnance de ses bâtiments, la richesse de son mobilier, et jusqu'à la somptuosité de sa table hospitalière. Après huit années de tracasseries et d'inquiétudes continuelles, l'opinion publique se déclarant contre lui, une commission fut nommée pour décider si l'établissement d'Uranibourg, dont l'éclat attirait les regards de l'Europe entière, avait fait faire à l'astronomie des progrès suffisants pour justifier la générosité du feu roi. Tycho, dédaignant une lutte inutile, ne donna ni apologie ni réponse à ses ennemis, La commission, complètement ignorante de l'astronomie et incapable de comprendre les découvertes faites à Uranibourg, l'était plus encore d'en pénétrer les conséquences. Elle les déclara, sans hésiter, complètement stériles et infructueuses pour l'État : on retira à Tycho la pension royale. C'était le chasser de son île, où les dépenses obligées dépassaient de beaucoup les ressources qui lui restaient : Tycho, insouciant de ses intérêts et peu attentif à ses affaires, avait mêlé sans compter ses propres richesses à l'abondance des bienfaits du roi, et vendu peu à peu son patrimoine pour l'absorber dans le trésor commun ; il était donc menacé d'une ruine complète ; cependant, plein de dignité dans sa douleur et s'enveloppant dans un profond silence, il fit immédiatement ses préparatifs de départ. Protégé par sa renommée et comme un roi chassé de ses États, il se tenait pour assuré de trouver partout un asile et une honorable hospitalité. Ses misères étaient d'ailleurs des misères de grand seigneur ; il équipa un vaisseau pour lui et les siens, et, s'embarquant avec sa femme, ses neuf enfants et quelques disciples dévoués, il quitta pour toujours ce temple de l'astronomie où il ne lui était plus permis de finir ses jours ; il se rendit chez son ami le comte de Rantzau, gouverneur du Holstein, emportant avec lui sa consolation et sa gloire, je veux dire les précieux instruments et les manuscrits accumulés pendant vingt et une années d'observations assidues et de laborieux calculs.

La célébrité d'Uranibourg attira pendant quelque temps encore dans l'île d'Hueno de rares visiteurs, mais les marques de sa grandeur passée disparurent rapidement : les constructions ne tardèrent pas à tomber en ruines, les matériaux furent emportés par les pêcheurs, et lorsque, en 1671, l'Académie des sciences de Paris envoya Picard déterminer la latitude de l'observatoire de Tycho, comme Tycho lui-même avait envoyé déterminer celle de Frauenbourg, on ne voyait plus dans l'île les moindres vestiges du château, et il fallut fouiller le sol pour en retrouver les fondations.

Le duc de Rantzau offrit à la petite colonie une affectueuse et large hospitalité. L'empereur d'Allemagne, Rodolphe, était alors pour les savants un protecteur généreux et éclairé. Rantzau connaissait sa passion pour la science des astres, il eut l'idée d'invoquer son appui. Tycho, d'après le conseil de son ami, lui dédia son ouvrage sur les instruments astronomiques en lui envoyant, avec le manuscrit, le catalogue de mille étoiles. Il lui fit connaître en même temps sa triste position en exprimant le désir d'entrer à son service. Rodolphe accueillit cette ouverture non-seulement avec bonté, mais avec joie. Il engagea Tycho à se rendre immédiatement près de lui, lui offrant toute facilité pour ses travaux et des avantages égaux à ceux dont il avait joui en Danemark.

Ce prince faible et bientôt malheureux était encore en position de satisfaire ses goûts pour la science. Plus soucieux d'ailleurs d'exécuter les engagements pris envers un grand seigneur comme Tycho qu'il ne le fut plus tard de surveiller la réalisation des grâces accordées à l'humble Kepler, Rodolphe tint toutes ses promesses. Tycho arriva à Prague en 1599 ; on lui avait préparé à la ville une riche résidence en lui laissant le choix entre plusieurs châteaux pour établir à la campagne son observatoire. Il choisit le château de Renach et s'y installa presque aussitôt. Ses appointements furent fixés à 3,000 écus d'or. Mécontent bientôt de son séjour dans un pays dont il ignorait la langue, il désira revenir à Prague et y transporter ses instruments ; ordre fut donné immédiatement de mettre à sa disposition les jardins royaux et les bâtiments adjacents, en même temps qu'une maison voisine était achetée par l'empereur pour y loger Tycho et sa famille.

Lorsque, après tant de libéralités et de bienfaits, l'empereur voulut le recevoir en personne, on raconte que, ne sachant comment exprimer toute sa reconnaissance et s'identifiant avec la science qu'il avait si fortement et si constamment aimée, Tycho chargea, dans quelques paroles émues, l'astronomie elle-même d'acquitter sa dette envers lui.

Tycho fit un noble usage de son crédit auprès de Rodolphe ; fidèle à l'astronomie, il convoqua à Prague, pour les associer à ses travaux, les astronomes les plus éminents de l'époque : Muller, Fabricius, tous deux excellents dans l'art d'observer, et l'illustre Képler, qui, persécuté par les catholiques de Styrie, était alors dans une grande gêne et dans de vives inquiétudes.

Toujours passionné pour la science, Tycho favorisait sans arrière-pensée ceux qui, comme lui, la cultivaient avec ardeur. Son talent personnel le garantissait de toute mesquine jalousie, et sa haute extraction établissait dans sa pensée une ligne de démarcation infranchissable, qui n'aurait pas permis au mérite d'autrui de lui porter ombrage.

Peut-être cependant la nouvelle association aurait-elle amené des difficultés : Tycho ne pouvait trouver chez ses nouveaux adjoints la docilité ponctuelle et volontaire à laquelle il était habitué. À Uranibourg, nulle entreprise n'était commencée que par son ordre et nul résultat n'était publié que sous son nom. Les observations peuvent se diriger ainsi, mais non les idées, et des savants déjà célèbres, qui n'approuvaient pas ses vues théoriques, ne pouvaient manquer de les discuter et de traiter bientôt d'égal avec lui. Képler surtout n'était pas homme à se renfermer dans l'obéissance et à se laisser détourner de sa voie en renonçant à la direction de son propre génie. Mais Tycho n'eut pas le temps d'établir à Prague l'ordre et la discipline de l'observatoire d'Uranibourg. Par une étrange faiblesse de notre nature, la tristesse et l'inquiétude, qu'il avait su maîtriser pendant ses disgrâces, triomphèrent de lui dans la prospérité : Tycho ne s'habituait pas à l'exil ; il ne pouvait détacher son souvenir de sa patrie d'adoption, qu'il avait nommée l'île du ciel. Son âme, abattue et distraite, tourmentée d'un dégoût invincible, conservait à peine quelques étincelles du grand feu qui suffisait pour animer Uranibourg. Une maladie cruelle de la vessie le rendit bientôt incapable de continuer ses travaux. Forcé de s'arrêter dans la carrière où depuis trente-huit ans il marchait sans relâche, il comprit que sa fin approchait ; il s'y prépara avec courage et mourut, le 24 octobre 1600, quinze mois après son arrivée à Prague, en faisant promettre à Képler de terminer ses tables et de veiller à leur publication.

Képler a tenu parole ; il a fait plus encore : en recueillant les fruits de l'œuvre, il a loyalement associé Tycho au partage de sa gloire. Avant de publier les chiffres, il voulut les ordonner et les comparer en s'élevant assez haut pour les contempler d'une seule vue. Une table, si parfaite qu'elle fut, n'était en effet pour Képler qu'une énigme dont il faut trouver le mot, un fleuve dont il faut découvrir la source, une lettre morte à laquelle il faut donner la vie. Il a trouvé dans ces recherches l'emploi le plus utile de son génie, et lorsque, après neuf années de travail, il en déduisit la démonstration de ses lois immortelles, le premier nom inscrit en tête de son livre fut celui de Tycho Brahé. Tycho cependant n'avait jamais eu de telles aspirations ; ses registres ont aidé Képler sans l'inspirer. Une si haute entreprise lui eût sans doute semblé chimérique et stérile. Quand il possédait les chiffres précis, il n'y avait plus, suivant lui, de mystère à découvrir. Absorbé par l'observation des mouvements célestes, il n'avait ni le loisir d'en contempler les harmonies, ni la hardiesse d'en chercher l'invisible ressort. Ces sublimes rêveries ne troublèrent jamais sa tranquillité ; portant une minutieuse et patiente attention sur les détails de l'édifice, il laissait au temps et à l'accumulation des documents le soin d'en révéler l'ordonnance et le plan. Plus curieux de faits exacts que de théories ingénieuses, il a passé sa vie à recueillir des observations, et lorsque, justement fier de leur nombre et de leur précision, il s'écria, dans sa douloureuse agonie, en présence de ses disciples désolés : *Non frustra vixisse videor*, « Je ne crois pas avoir vécu inutile, » il leur sembla qu'il se rendait justice, et la postérité a ratifié ce jugement.

# Chapitre III

## KÉPLER et ses travaux

Les plus grandes lois du monde physique ont été démontrées par les géomètres ; les hypothèses sur lesquelles elles s'appuient n'acquièrent d'importance réelle qu'après avoir été soumises à leur contrôle ; et cependant les progrès de la philosophie naturelle auraient été impossibles, si les grands hommes auxquels ils sont dus, pénétrés uniquement de l'esprit géométrique, en avaient toujours respecté l'inflexible rigueur.

Représentons-nous un géomètre initié aux théories les plus élevées de la science abstraite ; je ne dis pas seulement un disciple d'Euclide et d'Archimède, mais un lecteur intelligent de Jacobi et d'Abel ; et supposons que, resté étranger à toute notion d'astronomie, il entreprenne de pénétrer par ses seuls efforts la structure générale de l'univers et la disposition de ses parties. Plaçons-le d'ailleurs dans les conditions les plus favorables ; admettons que, libre d'esprit comme Copernic, il ne s'arrête pas aux trompeuses apparences des sens, qui, nous dérobant le mouvement de la terre, ont fait regarder pendant si longtemps son immobilité comme un axiome : que d'impossibilités se présenteront alors à son imagination ! Emporté par un mouvement inconnu, n'apercevant aucune direction fixe, aucune base immobile où s'appuyer pour déterminer les distances, les données lui manquent pour la solution du problème. Notre géomètre parviendra peut-être à élever sa pensée jusqu'au sentiment de notre inexprimable petitesse ; mais, n'apercevant aucune route assurée, il s'arrêtera tout à coup pour affirmer, au nom d'une science qu'il croit infaillible parce qu'elle ne donne rien au hasard, que, quels que soient le génie de l'homme et la perfection que l'art puisse prêter à ses organes, notre route à travers l'espace lui est aussi impossible à découvrir que, pour les atomes qui l'habitent, celle d'un grain de poussière emporté par le vent.

Heureusement Pascal est allé trop loin en affirmant que ce qui passe la géométrie nous surpasse ; cette appréciation si décourageante ne tient pas compte d'un sentiment puisé dans les profondeurs de l'âme humaine, et qui a soutenu Copernic après avoir inspiré Pythagore. L'homme croit, en effet, en dehors de toute démonstration, à l'harmonie de l'univers et à la simplicité de son mécanisme ; et, quoique l'imagination soit fort opposée à la géométrie, l'histoire de l'astronomie nous les montre unies d'un lien très-étroit ; la première, soutenue par une raison exercée allant en quelque sorte au-devant de la vérité pour révéler, comme par intuition, la beauté et l'ordre général du système du monde ; la seconde s'efforçant ensuite d'éprouver le vrai et le faux et de les discerner l'un de l'autre, en fixant enfin la certitude.

La situation de l'astronome qui cherche à deviner l'ordre symétrique et régulier des corps célestes n'est pas sans analogie avec celle du philologue qui, en présence de caractères inconnus, s'efforce de reconstruire les mots et les idées qu'ils expriment. Pour le philologue comme pour l'astronome, le problème est logiquement indéterminé, et l'on pourrait prouver que la solution en est arbitraire : qui assure, en effet, que ces figures bizarres ne sont pas de simples dessins décoratifs, capricieusement tracés sans ordre et sans but ? Et s'ils ont réellement un sens, aucune suite de déductions rigoureuses ne pourra le révéler, en conduisant du connu à l'inconnu par un enchaînement logique et certain. Il faut, dans une telle recherche, procéder par tâtonnements, accepter des divinations fondées sur de fugitives et lointaines analogies, établir des systèmes que l'étude ultérieure des faits viendra souvent renverser, faire des hypothèses qui seront aussitôt rejetées, mais que l'on remplacera patiemment par d'autres, sans jamais se décourager, parce que la solution vraie, dès qu'on l'aura rencontrée, et de quelque manière qu'elle soit obtenue, offrira, on en est certain d'avance, un tel caractère de certitude qu'elle ne laissera plus place au doute. Il en est de même du véritable système astronomique ; il est impossible de l'établir par une suite de déductions rigoureuses et d'en démontrer successivement les diverses parties suivant la méthode des géomètres. Mais lorsqu'un homme de génie aura, par quelque voie que ce soit, deviné les principes qui concilient la réalité uniforme et simple avec les apparences complexes et variables, les esprits justes l'accepteront tout d'abord comme vraisemblable, sans rechercher quels chemins ont pu y conduire, et sans attendre les preuves solides et lumineuses qui s'accumuleront de siècle en siècle pour y plier les plus rebelles en éclairant les plus aveugles.

Je ne veux pas entreprendre de retracer ici l'histoire des tentatives successivement essayées, qui est celle de l'astronomie. Parmi les grands génies qui, déchirant les voiles qui le cachent, ont peu à peu montré l'univers dans sa « haute et pleine majesté, » j'ai choisi seulement, pour esquisser le rôle qu'il a joué, le plus

hardi, le plus persévérant, et le mieux inspiré de tous :
j'ai nommé Képler.

Jean Képler naquit à Weil, dans le Wurtemberg, le 27
décembre 1571, vingt-huit ans après la mort de
Copernic. Son père, Henri Képler, qui appartenait à la
noble famille des Keppel, n'était pas digne d'un tel fils :
il abandonna plusieurs fois sa femme, qui avait elle-
même fort mauvaise réputation, et ne s'occupa guère de
ses quatre enfants. La première éducation de Jean fut
donc très-négligée ; sa mère, qui ne savait pas lire,
l'envoyait, il est vrai, à l'école, mais en le retenant à la
maison chaque fois qu'on pouvait l'y utiliser pour le
service de l'auberge que ses revers de fortune l'avaient
réduite à diriger. La complexion débile de l'enfant le
rendait heureusement peu propre à un tel office, et on le

destina à la théologie. Il fut reçu gratuitement, à l'âge de treize ans, au séminaire protestant de Maulbronn. Une telle faveur s'obtenait facilement, et l'instruction, à cette époque, était déjà répandue dans l'Allemagne protestante avec un grand zèle et une extrême libéralité : « C'est la tête et non le bras qui gouverne le monde, disait en 1578 le recteur de l'université de Maulbronn ; il faut donc des hommes instruits, et de tels fruits ne croissent pas sur les arbres. »

Képler fit de brillantes études ; il passa de Maulbronn au séminaire de Tubingue, où il étudia la théologie, sans toutefois s'y dévouer entièrement. C'est là qu'il composa sur l'ubiquité du corps de Jésus-Christ une pièce de vers latins dont le secrétaire des députés nationaux admira l'élégante précision. Cependant, lorsqu'il quitta, à l'âge de vingt-deux ans, l'école de Tubingue, on ne le jugea pas apte à travailler à la gloire de l'Église, et muni seulement d'une attestation flatteuse d'éloquence et de capacité, il fut nommé professeur de mathématiques et de morale au collège de Graetz, en Styrie.

L'archiduc Charles d'Autriche, qui gouvernait alors la Styrie, professait la religion catholique ; mais, chose bien rare et bien peu durable à cette époque, il usait envers les hérétiques d'une tolérance absolue, et les protestants, alors en majorité dans les classes riches et éclairées, avaient toute liberté d'appeler près d'eux, et pour toutes les fonctions, des coreligionnaires instruits à l'étranger. C'est ainsi que Képler avait été appelé à Graetz. L'enseignement de l'astronomie étant au nombre de ses devoirs, il fut chargé de la rédaction d'un almanach ; tout naturellement, en pays catholique, il dut adopter la réforme grégorienne que les protestants repoussaient obstinément, aimant bien mieux, comme on l'a dit, être en désaccord avec le soleil, que d'accord avec le pape. Képler, qui ne consentit jamais, dans les circonstances les plus difficiles, à transiger sur la libre expression de ses sentiments religieux, se sépara cette fois de ses coreligionnaires ; c'est que, suivant lui, la question était purement scientifique. Il la rencontra plusieurs fois dans le cours de sa carrière, et son opinion n'a jamais varié. Seize ans plus tard, en 1613, pour engager l'Allemagne à accepter le nouveau calendrier, il composa, à la prière de l'empereur Mathias, un dialogue entre deux catholiques, deux protestants et un mathématicien qui les éclaire et parvient à les convaincre ; mais Képler fut moins heureux près de la diète à qui la question fut soumise, et, malgré ses efforts, l'adoption de la réforme grégorienne fut encore ajournée pour longtemps.

Pour augmenter le débit de ses almanachs, Képler ne craignit pas d'y insérer, sur le temps et les événements politiques, des prédictions soi-disant astrologiques dont quelques-unes se réalisèrent à peu près dans le temps marqué, de manière à lui donner un grand crédit. Ses biographes ont cependant affirmé que, supérieur aux préjugés de son siècle, il ne croyait nullement à l'astrologie divinatrice ; mais sa correspondance montre, au contraire, qu'à cette époque, et même plusieurs années après, il était persuadé de l'influence des astres sur les événements de toute nature. Dans une de ses lettres, il applique ses principes au fils de son maître Mœstlin, né depuis peu de mois, et qu'il déclare menacé d'un grand danger. « Je doute, dit-il, qu'il puisse vivre. » L'enfant mourut en effet. Précisément à la même époque, Képler perdit un des siens ; et quand, dans cette rencontre de douleurs, en exprimant à son maître le plus affectueux intérêt, il parle de nouveau des craintes qu'il avait conçues, comment croire qu'il ne soit pas sérieux ? Mais ses prédictions ne s'accomplirent pas toujours aussi exactement, et, souvent déçu, Képler devint de moins en moins crédule. Il en fut donc de l'astrologie comme de beaucoup d'erreurs qui traversèrent son esprit sans y prendre racine. Il disait, il est vrai, que, fille de l'astronomie, l'astrologie doit nourrir sa mère ; et il continua, pendant toute sa vie, à faire pour ceux qui lui en demandaient et moyennant salaire des prédictions et des horoscopes conformes aux règles de l'art. Mais, loin d'abuser de la crédulité de ses clients, il leur déclarait que ces conclusions devaient être tenues, dans son opinion, pour incertaines et suspectes, et il leur disait, comme Tirésias à Ulysse : *Quidquid dicam, aut erit, aut non*, ce que je dirai adviendra ou n'adviendra point.

Le premier ouvrage scientifique de Képler est intitulé : *Mysterium cosmographicum* ; il fut composé pendant les premiers temps de son séjour à Graetz : « J'entreprends de prouver, dit-il dans sa préface, que Dieu, en créant l'univers et en réglant la disposition des cieux, a eu en vue les cinq corps réguliers de la géométrie, célèbres depuis Pythagore et Platon, et qu'il a fixé, d'après leurs dimensions, le nombre des cieux, leurs proportions et les rapports de leurs mouvements. »

Il est impossible de n'être pas frappé de l'ardeur confiante du jeune auteur et de son enthousiaste admiration pour la sagesse qui régit le monde et pour la majesté des problèmes auxquels il devait consacrer sa vie : « Bienheureux, dit-il, celui qui étudie les cieux : il apprend à faire moins d'état de ce que le monde admire le plus ; les œuvres de Dieu sont pour lui au-dessus de tout, et leur étude lui fournira la joie la plus pure. Père du monde, ajoute-t-il, la créature que tu as daigné élever à la hauteur de ta gloire est comme le roi d'un vaste empire ; elle est presque semblable à un Dieu, puisqu'elle sait comprendre ta pensée ! »

La théorie qui inspire de tels transports est aujourd'hui désavouée par la science. Ce brillant édifice devait s'écrouler peu à peu, faute de fondements assurés, et Képler, à cette époque, ressemble encore, suivant l'heureuse comparaison de Bacon, à l'alouette qui s'élève jusqu'aux cieux, mais sans rien rapporter de sa course.

Il eut toujours cependant une grande tendresse pour son premier travail ; et quoique, dans une seconde édition, il y ait lui-même signalé de graves erreurs, il déclare que jamais début dans la science fut plus heureux que celui-là. Il ne reste de cet ouvrage que quelques solides et puissants arguments en faveur du système de Copernic ; Képler ne craint pas d'y blâmer énergiquement, dans une note, le tribunal qui a osé mettre à l'index les écrits de l'illustre Polonais. « Quand on a essayé, dit-il, le tranchant d'une hache contre du fer, elle ne peut plus servir même à couper le bois. » Mais c'est à son auteur surtout que le livre de Képler fut utile. Les calculs qu'il exécute à cette occasion servirent, pour ainsi dire, à défricher le champ qui devait lui fournir une si abondante moisson : Le monde savant, non moins charmé par la forme agréable et brillante de son exposition que surpris par la nouveauté de ses idées, devint attentif à ce que le jeune astronome lui soumettrait de nouveau.

Ayant acquis une modeste aisance par son mariage avec la jeune et belle Barbara Muller, déjà veuve d'un premier mari et séparée d'un second par le divorce, Képler semblait fixé pour toujours en Styrie et se livrait, aux applaudissements de tous, à l'étude de la science qu'il chérissait. Sa correspondance le montre à cette époque pleinement satisfait de ses travaux et dans toute la sérénité du bonheur domestique. Cette période de douce tranquillité et de studieux loisirs apparaît dans sa vie comme une paisible oasis où il ne put se reposer que bien peu de temps et qu'il ne retrouva jamais. L'archiduc Charles eut pour successeur son fils Ferdinand, qui, beaucoup meilleur catholique que lui, choisit pour généralissime de ses troupes la sainte Vierge et fit vœu d'éteindre l'hérésie dans ses États : le moyen le plus simple était de chasser les hérétiques, et c'est celui qu'il essaya. Képler, protégé par de savants jésuites qui savaient apprécier son mérite, fut traité avec une indulgence exceptionnelle. Après l'avoir forcé de quitter Graetz, on lui permit d'y revenir, à condition qu'il se montrât prudent et réservé. Il faut croire qu'il ne le fut pas assez ; car, peu de temps après, on le bannissait de nouveau, en lui accordant toutefois quarante-cinq jours pour vendre ou affermer les terres de sa femme. C'est sans doute à de tels actes d'indulgence que songeait un illustre historien en écrivant que, sans bruit et sans cruauté, Ferdinand parvint à supprimer en Styrie le culte protestant.

Quoi qu'il en soit, Képler ruiné, privé de ses moyens d'existence, banni de Styrie, où de nombreux amis l'entouraient déjà, resta inébranlable dans sa croyance. Le conseiller Herwart lui proposa en vain des accommodements ; il ne réussit pas à fléchir sa droiture. Képler, si ingénieux dans ses travaux, ne l'était pas à tromper sa conscience : ne pouvant plier sa raison à la foi catholique, il lui refusa obstinément ses hommages ; les motifs dont il appuya sa résolution, également éloignés de la faiblesse qui cède à la persécution et de l'arrogance qui la brave, sont empreints d'une dignité douce et calme : « Je suis chrétien, écrit-il à Herwart, attaché à la confession d'Augsbourg par un examen approfondi de la doctrine, non moins que par l'instruction reçue de mes parents. C'est là ma foi ; j'ai déjà souffert pour elle, et j'ignore l'art de dissimuler. La religion est pour moi une affaire sérieuse que je ne puis traiter légèrement. » Et il continuait, sans se laisser abattre, à chercher un refuge dans la science, en lui consacrant ses travaux, ses veilles et les élans enthousiastes de son intelligence. Mais à côté des joies et des triomphes passagers de l'invention venaient se placer l'amertume de l'exil et les douleurs incessantes de la pauvreté ; peu touché de ces maux pour lui-même, Képler était plein d'inquiétude pour l'avenir de sa famille. « Je vous en supplie, écrit-il à son maître Mœstlin, si une place est vacante à Tubingue, faites en sorte que je l'obtienne ; faites-moi savoir, ajoute-t-il, le prix du pain, du vin et des choses nécessaires à la vie, car ma femme n'est pas habituée à se nourrir de fèves. » C'est dans ces tristes circonstances que le célèbre Tycho Brahé, instruit des ennuis de Képler, lui proposa de le faire adjoindre aux travaux astronomiques dont il était chargé par l'empereur Rodolphe. Képler n'hésita pas et se rendit à Prague avec sa famille.

Rien ne pouvait être plus heureux pour l'astronomie que la réunion de Képler avec un tel homme, dont les travaux, moins éclatants peut-être que les siens, se distinguent par une laborieuse précision, à la perfection de laquelle nul autre astronome n'avait pu atteindre avant lui. Képler lui-même semblait en prévoir tous les avantages lorsque, parlant des nombreuses observations accumulées par Tycho, il écrivait, un an avant, à Mœstlin : « Tycho est chargé de richesses dont, comme la plupart des riches, il ne fait pas usage. » Il observait en effet depuis trente-cinq ans, sans aucune idée préconçue, en tenant un registre exact et minutieux des états du ciel. Ce sont ces résultats accumulés qui, sans montrer directement la vérité, devaient préserver Képler de l'erreur, en fournissant un appui solide à l'audace de son esprit inventif et comme une borne posée d'avance pour en arrêter les excès.

Devenu bientôt après, par la mort de Tycho, possesseur des précieux matériaux que devait féconder sa pensée, il comprit que, dans la confusion de ces éléments, qu'il eût pu comparer aux feuillets épars de la sibylle, se cachait un ordre éternel et immuable, et il le chercha pendant neuf années avec la volonté patiente qui triomphe des découragements et la force qui donne le succès.

Mais, pour procéder avec ordre, voulant d'abord écarter une cause d'erreur déjà signalée par Tycho, et dont sont entachées toutes les observations astronomiques, il étudia les lois de la réfraction.

Hipparque rapporte que le même jour il observa deux fois le soleil dans l'équateur, et par conséquent deux équinoxes. Ptolémée en conclut simplement que l'une de ces observations est erronée ; mais la même singularité se présenta plusieurs fois à Tycho, qui, sûr de son habileté et de la précision de ses instruments, ne pouvait admettre une telle explication. Il en signala la véritable cause dans la réfraction des rayons lumineux, qui, nulle au zénith, prend à l'horizon sa plus grande valeur ; lors donc que le soleil est, le matin, un peu au-dessous de l'équateur, la réfraction peut, en relevant ses rayons, faire croire à l'observation de l'équinoxe. Quelques heures plus tard, le soleil se rapprochant du zénith, la réfraction est moindre, et cette cause d'abaissement, compensant le chemin que l'astre parcourt en quelques heures dans son orbite, peut le faire observer de nouveau dans l'équateur.

Pline rapporte une autre contradiction non moins sensible, qui, en montrant également l'importance du phénomène de la réfraction, aurait dû conduire les anciens astronomes à en faire le sujet de leur étude : « On a, dit-il, observé une éclipse de lune, au moment où le soleil était encore visible au-dessus de l'horizon. » La lune disparut par conséquent sans que la ligne droite qui réunit son centre à celui du soleil parût rencontrer la terre. Le fait est constant ; il a été observé notamment par Mœstlin et par Tycho : il est, d'un autre côté, de nécessité évidente que la terre, pour éclipser la lune en la couvrant de son ombre, soit placée entre elle et le soleil dans une même ligne droite. Il faut donc admettre que les trois corps sont réellement en ligne droite au moment de l'éclipse, et expliquer par la réfraction qui relève les deux astres leur présence apparente et simultanée au-dessus de l'horizon.

On doit, on le voit, tenir très-sérieusement compte de cette cause d'erreur dans la discussion des observations. L'astronome arabe Alhazen et le Polonais Vitellion appelèrent les premiers sur ce point l'attention des astronomes, et Tycho, qui en sentait toute l'importance, donna plus tard une table de réfraction relative aux diverses inclinaisons.

Mais on comprend la difficulté d'un tel travail, et d'abord toute détermination directe est impossible. La réfraction est l'angle formé par la ligne droite qui joint réellement un astre à notre œil, avec la direction dans laquelle il est aperçu. Or, de ces deux directions, la seconde seule est accessible à nos observations ; on ne peut donc pas mesurer l'angle qu'elle forme avec l'autre, et il faut le calculer par un procédé indirect.

L'observation continue d'une étoile suivie depuis le zénith jusqu'à l'horizon pourrait y conduire ; le mouvement diurne, dont les lois ne sont pas contestées, lui fait en effet décrire un cercle parfait dans le ciel, et, sachant à chaque instant où elle doit être, on peut mettre sur le compte de la réfraction les irrégularités observées.

La marche suivie par Tycho est un peu différente, mais il fut loin d'atteindre le but ; la réfraction de la lumière des étoiles cessait, suivant lui, complètement à 20° de l'horizon ; celle du soleil était plus considérable, et ne devenait nulle qu'à 45°. Tout cela est inexact : la réfraction suit les mêmes lois pour tous les astres, et ne devient nulle qu'au zénith. Kepler reprit donc la question dans son entier, et composa, sous le titre modeste de *Paralipomena ad Vitellionem*, un traité complet d'optique. Cet ouvrage, qui contient de graves erreurs, est extrêmement remarquable pour le temps où il fut composé. On y trouve la véritable théorie des lunettes, des règles exactes pour déterminer la distance focale des lentilles et le pouvoir grossissant d'un instrument. C'est là que pour la première fois a été donnée la description exacte de l'œil et l'explication de son mécanisme ; on y trouve enfin l'explication de la lumière cendrée de la lune, loyalement attribuée à son maître Mœstlin. Quoiqu'il ait été conduit à une loi élémentaire de réfraction complètement inexacte, Képler calcule enfin une table des réfractions astronomiques, qui depuis le zénith jusqu'à 70° ne diffère pas de plus de 9″ de celle qu'on adopte aujourd'hui ; mais en approchant de l'horizon les écarts deviennent plus considérables. On reconnaît dans ce livre la main d'un grand maître ; la lecture en est agréable et facile, et, quoique l'ivraie y soit abondamment mêlée au bon grain, celui qui voudrait tout éprouver y pourrait trouver encore aujourd'hui une utile moisson à faire. Descartes, qui le cite avec honneur dans sa *Dioptrique*, reconnaît expressément le parti qu'il en a tiré.

Mais, tout en marchant avec ardeur vers le but qu'il s'était proposé, Képler devait, comme astronome impérial, demeurer attentif aux événements qui survenaient dans le ciel. Il écrivit, en 1606, une longue dissertation sur une étoile apparue dans la constellation du Serpent, et qui, après avoir brillé d'un éclat supérieur à celui de Jupiter, disparut bientôt sans retour. Ce phénomène curieux, mais non sans exemple, causa une grande émotion. « Si l'on me demande : Qu'adviendra-t-il ? Que présage cette apparition ? Je répondrai sans hésiter, dit Képler : Avant tout, une nuée d'écrits, publiés par de nombreux auteurs, et beaucoup de travail pour les imprimeurs. Si l'on se plaint, ajoute-t-il, que ma dissertation glisse trop légèrement sur les conséquences théologiques et politiques, je répondrai que ma charge m'oblige selon mes forces à perfectionner l'astronomie, et non à remplir l'office de prophète public. J'en suis fort aise : si j'avais à parler librement de tout ce qui se passe en Europe et dans l'Église, je serais fort exposé à choquer tout le monde, car, comme dit Horace :

*Iliacos intra muros peccatur et extra.*

On ne devinerait pas, en lisant ces lignes, qu'elles sont écrites en 1606 !

Il se demande plus loin comment a pu naître cette étoile et de quelle matière elle est formée ; mais il ne parvient pas à le découvrir, et conclut seulement que la force aveugle des atomes fortuitement accrochés n'y est pour rien. C'était aussi l'opinion de sa femme Barbara ; Képler nous l'apprend dans une de ces digressions personnelles, si vives et si animées qu'en les lisant on s'imagine l'entendre et le voir, et si naturelles en même temps que l'on ne s'étonne pas de les trouver mêlées aux sérieuses pensées qui l'absorbent. « Hier, dit-il, fatigué d'écrire et l'esprit troublé par des méditations sur les atomes, je fus appelé pour dîner, et celle que je viens de nommer apporta sur la table une salade. — Penses-tu, lui dis-je, que si, depuis la création, des plats d'étain, des feuilles de laitue, des grains de sel, des gouttes d'huile et de vinaigre et des fragments d'œufs durs flottaient dans l'espace en tous sens et sans ordre, le hasard pût les rapprocher aujourd'hui pour former une salade ? — Pas si bonne, à coup sûr, répondit ma belle épouse, ni si bien faite que celle-ci. »

Le traité sur la nouvelle étoile, qui a trente chapitres, laisse le lecteur aussi ignorant qu'il l'était et que nous le sommes aujourd'hui sur la nature et les causes de la catastrophe qui, d'après la distance présumée des étoiles, a pu s'accomplir dans le ciel et troubler des systèmes de mondes plusieurs siècles avant les observations de Képler.

Après neuf années d'efforts poursuivis avec une application infatigable et une contention d'esprit qui parfois « le tourmenta, dit-il, presque jusqu'à la démence, *diu nos torserat pene ad insaniam*, » Képler parvint à représenter exactement le mouvement de Mars par deux des lois reconnues ensuite applicables aux autres planètes, et qui ont immortalisé son nom.

Son ouvrage est intitulé : *Astronomie nouvelle, ou Physique céleste, fondée sur l'étude du mouvement de Mars, déduite des observations de Tycho Brahé.* La préface, adressée à l'empereur Rodolphe, est fort remarquable, comme signe de l'esprit de l'époque, bien plus encore que du caractère de Képler :

« J'amène à Votre Majesté, dit-il à l'empereur, un noble prisonnier, fruit d'une guerre laborieuse et difficile, entreprise sous ses auspices. Et je ne crains pas qu'il refuse le nom de captif ou qu'il s'en indigne ; ce n'est pas la première fois qu'il le porte ; déjà autrefois le terrible dieu de la guerre, déposant joyeusement son bouclier et ses armes, s'est laissé prendre aux filets de Vulcain.

« Nul n'avait jusqu'ici plus complètement triomphé de toutes les inventions humaines ; en vain les astronomes ont tout préparé pour la lutte ; en vain Ils ont mis leurs ressources en œuvre et leurs troupes en campagne. Mars, se jouant de leurs tentatives, a détruit leurs machines et ruiné leurs espérances ; tranquille, il s'est retranché dans l'impénétrable secret de son empire et a dérobé ses marches savantes aux recherches de l'ennemi. Les anciens s'en sont plaints plus d'une fois, et l'infatigable explorateur des mystères de la nature, Pline, a déclaré Mars inobservable à l'œil humain. « Pour moi, je dois avant tout louer l'activité et le dévouement du vaillant capitaine Tycho Brahé, qui, sous les auspices des souverains de Danemark, Frédéric et Christian, a, pendant vingt années successives, étudié chaque nuit et presque sans relâche toutes les habitudes de l'ennemi, dévoilé ses plans de campagne et découvert les mystères de ses marches. Ses observations, qu'il m'a léguées, m'ont aidé à bannir cette crainte vague et indéfinie qu'on éprouve tout d'abord pour un ennemi inconnu.

« Pendant les incertitudes de la lutte, quel désastre, quel fléau n'a pas désolé notre camp ? La perte d'un chef illustre, la sédition des troupes, les maladies contagieuses, tout contribuait à augmenter notre détresse. Les bonheurs, comme les malheurs domestiques, ravissaient aux affaires un temps qui leur était dû ; un nouvel ennemi, comme je le rapporte dans mon livre sur la nouvelle étoile, venait fondre sur les derrières de notre armée. Les soldats, privés de tout, désertaient en foule ; les nouvelles recrues n'étaient pas au fait des manœuvres, et, pour comble de misère, les vivres manquaient.

« Enfin l'ennemi se résigna à la paix, et par l'intermédiaire de sa mère, la Nature, il m'envoya l'aveu de sa défaite, se rendit prisonnier sur parole, et l'arithmétique et la géométrie l'escortèrent sans résistance jusque dans notre camp.

« Depuis lors il a montré qu'on peut se fier à sa parole ; il ne demande qu'une grâce à Votre Majesté : toute sa famille est dans le ciel ; Jupiter est son père, Saturne son aïeul, Mercure son frère, et Vénus son amie et sa sœur. Habitué à leur auguste société, il les regrette, il brûle de les retrouver, et voudrait les voir avec lui, jouissant comme il le fait aujourd'hui de votre hospitalité. Il faut pour cela profiter de nos succès et poursuivre la guerre avec vigueur ; elle n'offre plus de périls, puisque Mars est en notre pouvoir. Mais je supplie Votre Majesté de songer que l'argent est le nerf de la guerre, et de vouloir bien commander à son trésorier de livrer à votre général les sommes nécessaires pour la levée de nouvelle troupes. »

Képler, en commençant l'étude du mouvement de Mars, dut chercher avec précision la durée de sa révolution, qui, bien connue d'ailleurs de Tycho, l'avait été presque aussi exactement de Ptolémée ; c'est un problème dont, malgré les difficultés apparentes, la solution est des plus faciles. On peut, en effet, comparer la ligne droite nommée rayon vecteur qui réunit le centre fixe du soleil au centre mobile de Mars, à l'aiguille d'une horloge, et le temps qu'elle met à parcourir son immense cadran est le temps de la révolution de Mars ;

nous pouvons regarder le rayon vecteur qui réunit la terre au soleil comme une aiguille plus courte que la précédente et tournant dans le même sens. Le mouvement de celle-là est bien connu ; elle fait son tour en une année. Supposons maintenant, quoique cela ne soit pas absolument exact, que les plans des deux orbites coïncident, en d'autres termes que les deux aiguilles, de longueur inégale, marchent sur le même cadran. Placés comme nous le sommes à l'extrémité de la plus petite, il nous sera facile de signaler ses rencontres avec la plus grande, et les astronomes qui observent attentive ment le soleil et la planète Mars sauront dire à quel moment nous nous trouvons sur la ligne qui les joint ; ils ont trouvé depuis longtemps que ces oppositions de Mars au soleil, ou, ce qui re vient au même, les rencontres des deux aiguilles, ont lieu en moyenne tous les 795 jours. La plus grande fait donc, en 795 jours, un tour de moins que la plus petite, et comme le mouvement de celle-ci nous est connu, le plus simple écolier en déduira le mouvement supposé uniforme, c'est-à-dire le mouvement moyen de l'autre. C'est ainsi que l'on a trouvé la durée de la révolution de Mars égale à 687 jours.

Ce résultat étant bien connu de Képler, il eut l'idée de rapprocher, dans les observations de Tycho, celles qui différaient précisément de ce nombre de jours, et pour lesquelles, par conséquent, Mars, après avoir fait un tour, était revenu au même point de sa course. Il éludait ainsi très ingénieusement la difficulté, en apparence insurmontable, qui résulte de son continuel déplacement dans l'espace. Les deux positions de la terre dans son orbite étant connues par l'étude préalable qui a été faite de son mouvement, la ligne qui les joint devient la base aux deux extrémités de laquelle on se trouve placé pour observer une planète, qui, revenue à la même position, peut être considérée comme immobile. On trouvera ainsi une des positions de Mars, avec la date des deux époques séparées par 687 jours d'intervalle, auxquelles il est venu s'y placer. En faisant intervenir d'autres observations, séparées de la première par une période de deux ou trois révolutions de la planète, on devra obtenir le même résultat, ce qui fournit, en même temps qu'un moyen de vérifier les calculs, une confirmation bien plus précieuse encore de l'hypothèse adoptée pour la loi du mouvement de la terre.

Encouragé par ce premier succès, Képler recommença l'opération un grand nombre de fois, en suivant, pour ainsi dire, pas à pas la planète pour jalonner sa route dans l'espace ; mais combien faut-il de points pour déterminer la nature géométrique d'une courbe ? La géométrie rigoureuse répond que, quel qu'en soit le nombre, il ne peut être suffisant, et que par des points donnés on peut toujours faire passer un nombre infini de courbes distinctes et de propriétés très-diverses ; c'est pour cela que tant de tables admirablement précises obtenues par les physiciens n'ont jamais pu, malgré leurs efforts, être converties en lois mathématiques. L'incertitude et l'impuissance de la science en présence d'un tel problème forcent la patience à venir en aide au génie. Képler essaya d'abord la vérification des hypothèses admises jusque-là, en cherchant à placer tous ses points sur un même cercle ; mais ses efforts furent inutiles ; ses calculs laissaient subsister des erreurs de sept à huit minutes, et il prouvait que l'on ne peut faire mieux. Huit minutes, c'est bien peu ! C'est environ le quart du diamètre apparent du soleil, mais c'est en astronomie surtout qu'il est vrai de dire : « *Celui qui méprise les petites choses tombera* peu à peu. » *Képler le savait, et cette petite erreur,* qu'il ne voulut pas accepter, devint considérable par les conséquences.

« La bonté divine, dit-il, nous a donné en Tycho un observateur tellement exact qu'une erreur de huit minutes est impossible. » L'hypothèse d'une orbite circulaire était donc inacceptable ; mais Képler ne désespère pas pour cela de vaincre, et sa confiance n'est pas même ébranlée. Il pense que, comme la folâtre Galatée, Mars s'enfuit et se cache tout en désirant être aperçu :

*Et fugit ad salices, et se cupit ante videri.*

C'est la première ligne du cinquante-huitième chapitre.

Après de nombreux essais et de pénibles calculs, Képler trouva enfin qu'une orbite elliptique satisfait à toutes les observations de Tycho ; c'est alors que, comme il le dit dans sa préface, il regarda Mars comme prisonnier sur parole. Bien fort alors pour l'interroger à loisir, il continua à le serrer de près, en marquant les lieux que la théorie nouvelle lui imposait dans l'avenir, et il eut la joie de voir la planète, exacte au rendez-vous qu'il lui avait fixé, répondre pour ainsi dire à son appel, comme les étoiles au Seigneur dans le livre de Baruch, que la Fontaine admirait tant : « *Vous m'avez appelé : me voilà !* »

Cette complète et persistante obéissance était l'éclatant témoignage de l'exactitude des deux célèbres lois qu'il put enfin énoncer avec certitude :

Mars décrit une ellipse dont le soleil occupe un foyer.

Les aires décrites par le rayon vecteur sont proportionnelles au temps.

Mais cette exposition de la grande découverte de Képler serait trop incomplète si nous n'insistions pas sur deux circonstances remarquables qui, venant fortuitement en aide à la pénétration de son esprit, l'ont conduit plus facilement au but dont elles auraient pu l'éloigner.

Le mouvement de la terre, dont la connaissance présumée a servi de base à tous ses calculs, était théoriquement aussi mal connu que celui de Mars. Le cercle dans lequel il fait mouvoir notre planète doit être remplacé par une ellipse ; mais cette ellipse, fort heureusement, diffère assez peu d'un cercle pour que la substitution de l'une à l'autre soit indifférente au degré d'approximation qu'il fallait adopter. S'il en eût été autrement, la méthode devenait inexacte, et les chiffres, en se contredisant, auraient averti et découragé le judicieux et sincère inventeur.

La seconde circonstance, plus remarquable encore peut-être, est l'imperfection des méthodes d'observation et des instruments de Tycho.

Képler a pu affirmer, il est vrai, qu'une erreur de huit minutes était impossible, et cette confiance a tout sauvé ; s'il avait pu en dire autant d'une erreur de huit secondes, tout était perdu. L'organe intérieur du jugement aurait cessé, suivant une expression de Gœthe, d'être en harmonie avec l'organe extérieur de la vue, devenu trop délicat et trop précis.

Képler se trompait, en effet, en regardant l'important avantage obtenu sur la planète rebelle et opiniâtre, comme une de ces victoires décisives qui terminent à jamais la lutte ; ces grandes lois, éternellement vraies dans de justes limites, ne sont pas rigoureuses et mathématiques. De nombreuses perturbations écartent incessamment Mars de sa route, en l'affranchissant peu à peu des liens délicats dans lesquels l'heureux calculateur avait cru l'enlacer à jamais. Pour qui pénètre plus au fond, des irrégularités expliquées et prévues confirment, il est vrai, avec éclat la théorie de l'attraction qu'elles agrandissent en l'éclairant ; mais la connaissance prématurée de ces perturbations, conséquence nécessaire d'observations plus précises, en enveloppant la vérité dans d'inextricables embarras, aurait retardé pour bien longtemps peut-être les progrès de la mécanique du ciel. Képler, rejetant alors l'orbite elliptique aussi bien et au même titre que l'orbite circulaire, eût été forcé de chercher directement les lois du mouvement perturbé, au risque d'épuiser, contre d'invincibles obstacles, toutes les ressources de sa pénétration et l'opiniâtreté de sa patience.

Képler voulut pénétrer plus avant dans les mystères de la nature, et découvrir la cause des mouvements dont il avait révélé les lois. Après avoir détruit à jamais la vieille erreur des orbites circulaires obligatoires, il énonça le principe simple et vrai sur lequel repose aujourd'hui toute la mécanique rationnelle : le mouvement naturel d'un corps est toujours rectiligne ; mais il ajoute malheureusement : « S'il n'a pas une âme qui le dirige, » et cette restriction gâte tout. *Nego ullum motum perennem non rectum a Deo conditum esse, præsidio mentali destitutum.* Il faut, d'après ce principe, une force incessante pour conduire la planète dans son orbite courbe, et cette force réside dans le soleil. Képler l'affirme expressément : *Solis igitur corpus essé fontem virtulis quæ planetas omnes circumagit.*

C'est la doctrine de Newton, ou, pour parler mieux, c'est la vérité.

Des admirateurs de Képler ont vu dans les deux phrases que nous venons de citer un de ses plus beaux titres de gloire. Je ne puis sur ce point m'accorder avec eux. Képler, impatient du mystère des mouvements planétaires, ne s'en est pas tenu à ces idées de génie ; incertain et irrésolu, il a essayé, au contraire, toutes les explications sans en adopter et sans en justifier aucune, et quand l'idée vraie a traversé son esprit, il n'a su ni la saisir ni l'exploiter.

Après avoir dit que la cause du mouvement est dans le corps du soleil, il suppose que la rotation de cet astre se transmet aux planètes et les entraîne ; il admet plus loin une force magnétique dépendant de l'orientation de l'axe du corps attiré. Des vues extrêmement vagues sur la nature de l'attraction le portent ailleurs à croire qu'elle est inversement proportionnelle à la distance, et l'on a remarqué qu'avec une bien légère modification son raisonnement, qui n'en serait pas meilleur, conduirait à la loi véritable. Cela ne l'empêche pas de croire que la planète, étant tantôt plus près et tantôt plus loin du soleil, doit en être alternativement attirée et repoussée. Par une contradiction qui montre mieux que tout le reste l'incertitude de ses idées, il se demande encore si la planète, renfermant sa force en elle-même, n'est pas douée d'un principe actif qui la meut en même temps qu'il la gouverne, et, sans aller jusqu'à lui accorder le raisonnement, il lui prête une *âme* qui, instruite du chemin qu'elle doit suivre pour conserver l'ordre éternel de l'univers, l'y dirige continuellement et l'y maintient sans relâche avec une immortelle puissance et une inépuisable vigueur. Mais comment comprendre, dans cette hypothèse, qu'elle parvienne à reconnaître sa route ? L'expression de sa vitesse renferme, quoi qu'on fasse, des sinus et, en admettant à la rigueur, ce qui déjà semble difficile, que cette âme ait le sentiment des angles, par quelle mystérieuse opération pourrait-elle, demande-t-il, calculer leurs sinus ? Revenant enfin à l'idée d'une attraction magnétique, il redoute un conflit entre la puissance magnétique et la puissance animale, qui cependant doit prévaloir. Ces rêveries confuses, dans lesquelles s'embarrasse le génie de Képler, font songer involontairement aux paroles que nous avons citées : *Torquebar pene ad insaniam ;* elles n'ajoutent rien à sa gloire ; peu importe que, partagé entre ces opinions, qui sont autant d'erreurs, il ait une fois énoncé la vérité sans la fonder sur des raisons solides. Lorsqu'un voyageur cherche sa route dans les ténèbres d'une nuit sans lumière, et que, chancelant dans toutes ses démarches, il s'écrie à chaque instant avec inquiétude : C'est peut-être là ! parce qu'il lui arrivera une fois de rencontrer juste et de passer outre, vantera-t-on sa perspicacité ?

Il serait donc injuste de revendiquer pour Képler la découverte de l'attraction universelle, mais il n'y a pas lieu de s'en étonner. La mécanique, à peine dans l'enfance, ne lui permettait pas, quelque clairvoyant qu'il fut, d'éprouver ses idées sur les forces motrices et de les transformer en théories précises et calculées ; les travaux de Galilée et d'Huyghens étaient nécessaires pour y préparer Newton, dont ce fut l'œuvre immortelle.

Les études et les méditations de Képler furent souvent interrompues et constamment troublées par des chagrins et des embarras sans nombre.

Les héritiers de Tycho devaient partager la propriété des tables astronomiques que Képler avait promises ; ils se plaignirent qu'il en différât la publication en occupant son temps à des recherches de physique et à de vaines spéculations ; le célèbre astronome Longomontanus se fit même l'interprète de leurs reproches et de leurs injurieux soupçons. Dans une lettre, au début de laquelle il le traite pourtant d'homme très-docte et de vieil ami, il l'accuse de porter un *zèle exagéré dans la réfutation des théories de Tycho*, de se laisser distraire des occupations de sa charge par la *passion de tout critiquer*, et de *briser*, en attaquant les travaux de ses amis, *les liens d'affection qui les unissaient à lui*. Si mes occupations me l'avaient permis, j'aurais été à Prague, dit Longomontanus, exprès pour m'en expliquer avec toi ; mais, ajoute-t-il avec une aigreur croissante, de quoi donc t'applaudis-tu tant, mon cher Képler ?... Tout ton travail repose sur les bases établies par Tycho et auxquelles tu n'as rien changé. Cherche à persuader les ignorants ; mais cesse de soutenir des absurdités devant ceux qui savent le fond des choses.

« Tu ne crains pas de comparer les travaux de Tycho au fumier des étables d'Augias, et tu déclares te mettre, comme un nouvel Hercule, en mesure de les nettoyer ; mais personne ne s'y trompera et ne te préfère à notre grand astronome. Ton impudence dégoûte tous les gens sensés. »

Des accusations si éloignées de la vérité ne pouvaient blesser Képler. Il méprisait tout ce vain fracas que sans droit ni raison on faisait retentir autour de lui. Quelques notes jetées en marge de la lettre de Longomontanus montrent le cas qu'il en faisait : « Charmante injure, » écrit-il ; et, plus loin : « Enveloppe ton fiel de belles phrases. » Sa réponse, dans laquelle il refuse une discussion inutile, est d'une incomparable bonté ; on y voit toute la sérénité de son âme et la modération de son caractère.

« Au moment où je recevais ton épître militante, la paix était faite, dit-il, depuis longtemps avec le gendre de Tycho. Nous ressemblerions, en nous querellant, à des vaisseaux portugais et anglais qui se battraient dans l'Inde quand la paix serait déjà signée... Tu blâmes ma manière d'accuser et de réfuter. Je me rends, quoique je ne pense pas avoir mérité tes reproches. De toi, ami, il n'est pas de réprimande que je n'accepte. Je regrette que tu n'aies pu venir à Prague ; je t'aurais expliqué mes théories et tu serais, j'espère, parti content. Tu me railles. Soit ; rions ensemble. Mais pourquoi m'accuses-tu de comparer les travaux de Tycho au fumier des écuries d'Augias ? Tu n'avais pas mes lettres sous les yeux : tu aurais vu qu'elles ne contenaient rien de semblable. Le nom d'Augias est resté seul dans ton esprit. Je ne déshonore pas mes travaux astronomiques par des injures. »

Et en finissant : « Adieu, dit-il ; écris-moi le plus tôt possible pour que je puisse constater que ma lettre a changé tes dispositions à mon égard. » La paix avec les héritiers de Tycho ne fut qu'une courte trêve ; ils s'adressèrent à l'empereur lui-même ; Rodolphe, quoique très-incapable comme empereur et comme roi, avait pour les sciences un amour éclairé et sincère ; il écarta toutes ces difficultés tracassières ; mais, entouré sans cesse d'ennemis et de rebelles, l'empereur d'Allemagne pouvait à peine faire donner à son astronome de légers à-compte sur la somme considérable qu'il avait fixée pour ses appointements, et Képler, pour nourrir sa famille, devait accepter des travaux de toute sorte, faire des almanachs, calculer des horoscopes et mettre son érudition au service de quiconque pouvait la payer.

Après la mort de Rodolphe, son successeur Mathias, moins dévoué à la science, et non moins embarrassé par les irrémédiables divisions qui bouleversaient l'empire, délaissa complètement l'observatoire de Prague, dont les travaux furent interrompus faute des ressources les plus indispensables. Képler dut renoncer à un emploi qui ne lui donnait pas même de pain et accepter les fonctions de professeur au gymnase de Linz. C'est dans cette ville qu'il perdit sa femme Barbara. Peu de temps après, pour donner, dit-il, une mère à ses trois enfants, il se remaria, sans prétendre d'ailleurs leur faire par là un très-grand sacrifice. Après avoir soigneusement comparé avec beaucoup d'esprit et de finesse, comme on le voit dans une de ses lettres, les mérites et les beautés de onze jeunes personnes auxquelles ses amis avaient songé pour lui, il épousa Suzanne Reutlinger, fille orpheline d'un simple artisan, qui avait reçu dans le plus célèbre pensionnat du pays une éducation distinguée : « Sa beauté, ses habitudes, sa taille, écrit-il, tout en elle me convient. Patiente au travail, elle saura diriger une maison modeste, et, sans être dans la première jeunesse, elle est d'âge d'apprendre tout ce qui pourrait lui manquer. »

Ce mariage fut l'occasion d'un travail important dans lequel Képler montre par un nouvel exemple que, dominant toute la science, son génie en embrassait également toutes les parties : « Comme je venais de me marier, dit-il dans la préface, la vendange étant abondante et le vin à bon marché, il était du devoir d'un bon père de famille d'en faire provision et de garnir ma cave. Ayant donc acheté plusieurs tonneaux, quelques jours après je vis arriver mon vendeur pour fixer le prix en mesurant leur capacité : sans exécuter aucun calcul, il plongeait une baguette de fer dans chaque tonneau et déclarait immédiatement son contenu. » Képler se rappelle alors que sur les bords du Rhin, parce que sans doute le vin y a plus de prix, on prend la peine de vider la barrique pour compter exactement le nombre des pots qu'elle contient. La méthode autrichienne, beaucoup plus expéditive, est-elle suffisamment exacte ? « C'est là une question dont l'étude ne disconvient pas, dit-il, à un géomètre nouvellement marié ; » et pour la résoudre, il traite des problèmes de géométrie qui peuvent être comptés parmi les plus difficiles que l'on eût abordés jusque-là ; il arrive à cette conséquence singulière :

« Sous l'influence d'un bon génie qui sans doute était géomètre, les constructeurs de tonneaux leur ont précisément donné la forme qui, pour une même longueur de la ligne mesurée par les jaugeurs, leur assure la plus grande capacité possible ; et comme aux environs du maximum les variations sont insensibles, les petits écarts accidentels n'exercent aucune influence appréciable sur la capacité, dont la mesure expéditive est par suite suffisamment exacte. »

Cette idée sur les maxima, jetée en passant, mais en termes si assurés, par Képler, devait être développée vingt ans plus tard par Fermat, dont elle est un des titres de gloire.

Képler ajoute : « Qui peut nier que la nature seule, sans aucun raisonnement, puisse enseigner la géométrie, lorsqu'on voit nos tonneliers, conduits par leurs yeux et par l'instinct du beau, deviner la forme qui se prête le mieux à une mesure exacte ? »

Fidèle à l'habitude de mêler à tous ses travaux les souvenirs des poètes classiques, Képler termine cet ouvrage sur l'*Art de mesurer les tonneaux*, par deux vers imités de Catulle, qui, librement interprétés, signifient que, quand il s'agit de boire, on ne doit pas compter les verres :

*Et quum pocula mille mensi erîmus*
*Conturbabimus illa, ne sciamus.*

Cet ouvrage très-savant ne devait pas l'aider à soutenir sa famille, chaque année plus nombreuse : Képler vivait donc avec une grande économie et dans de continuelles inquiétudes pour l'avenir, lorsque des douleurs plus poignantes encore vinrent empoisonner ses dernières années. Une lettre de sa sœur lui apprit que leur vieille mère, âgée de soixante-dix ans, venait d'être jetée en prison, accusée du crime de sorcellerie ; outrée de l'impertinente absurdité des questions qui lui avaient été adressées par le juge d'instruction, Catherine Képler avait aggravé sa position en se faisant accusatrice à son tour, et en lui reprochant avec un injurieux mépris sa fortune trop rapidement acquise depuis qu'il était magistrat. Malheureusement l'opinion publique la condamnait ; sans alléguer aucun fait précis, elle lui demandait compte de toutes les calamités privées ou publiques, et s'élevait contre elle de toutes parts avec une implacable fureur. On établissait qu'elle ne regardait jamais les gens en face et qu'on ne lui avait jamais vu verser de larmes. Ces indices n'étaient pas suffisants, mais, comme envers de tels accusés le juge n'avait aucune mesure à garder et ne craignait rien plus que de paraître manquer de zèle en les épargnant, l'usage était alors d'arracher par la torture des aveux qui conduisaient la victime au bûcher. Képler accourut, et, pendant cinq années remplies des plus cruelles appréhensions, il lutta sans relâche pour sauver sa mère. En démontrant avec l'ascendant d'une renommée déjà imposante que « ces épreuves de patience plus que de vérité, » comme avait dit notre Montaigne, exposent le juge à des condamnations plus criminelles que le crime, il ne put empêcher que l'on montrât à la vieille Catherine les instruments du supplice en lui expliquant leur usage et la menaçant de les employer pour vaincre l'obstination de son silence. On ne parvint pas cependant à ébranler sa constance ; elle se déclara prête à tout souffrir, et son attitude hautaine et résignée la sauva du supplice, mais non pas de la honte qui rejaillit tristement sur son fils.

Pendant ces temps de trouble et d'angoisse, l'Allemagne entière, pleine de désordre et de confusion, et comme agitée par un violent orage, n'était plus, suivant l'expression de Schiller, qu'un magasin de vivres pour les armées. L'une des plus terribles guerres qui furent jamais, la guerre de Trente-Ans, promenait dans toutes les provinces la misère et la contagion des plus horribles maladies. Dans ces cruelles extrémités, Képler, qui pour assister sa mère avait renoncé aux fonctions de professeur, était plongé dans une misère croissante, contre laquelle son ardente volonté luttait sans relâche. Mais une dernière affliction lui était réservée : il perdit une fille âgée de dix-sept ans. Se raidissant alors contre la douleur, et se réfugiant dans ces régions sereines où les chagrins de la terre n'ont pas d'accès, il rejeta le poids importun des travaux obligatoires ou lucratifs pour absorber toutes ses pensées dans la composition d'un ouvrage qui lui a, dit-il, causé plus de plaisir que la lecture n'en fera à tous les lecteurs réunis. C'est que ces espaces infinis qui nous enferment, et dont le silence éternel effrayait la raison sceptique de Pascal, charmaient par l'harmonieuse diversité des mouvements qui s'y accomplissent l'imagination mystique de Képler, et comme il croyait depuis longtemps entendre au fond de son âme le chœur permanent des voix mystérieuses de la nature, il essaya de le noter dans l'étrange ouvrage intitulé *Harmonices mundi libri quinque* les cinq livres de l'Harmonie du monde.

Képler étudia d'abord géométriquement plusieurs figures régulières, et les aperçus analytiques auxquels il est conduit auraient suffi, comme l'a dit un de nos plus illustres confrères, pour préserver l'ouvrage de l'oubli. Il met le problème en équation et interprète exactement toutes les solutions ; c'est encore tout ce que nous pouvons faire aujourd'hui. Mais un tel résultat ne satisfait pas Képler. « Il est prouvé, dit-il, que les côtés des polygones réguliers doivent rester inconnus et sont de leur nature introuvables. Et il n'y a rien d'étonnant en ceci, *que ce qui peut se rencontrer dans l'archétype du monde ne puisse être exprimé dans la conformation de ses parties.* » S'occupant ensuite de la musique humaine, et reprenant l'idée de Pythagore, qui comparait, dit-on, les planètes aux sept cordes de la lyre, il veut montrer comment l'homme, imitant le Créateur par un instinct naturel, sait, dans les notes de sa voix, faire le même choix et observer la même proportion que Dieu a voulu mettre dans l'harmonie générale des mouvements célestes ; la même pensée du Créateur se traduisant ainsi dans tous ses desseins, dont l'un peut servir d'interprète et de figure à l'autre.

Cherchant des harmonies partout où elles sont possibles, Képler consacre un chapitre à la politique :

« Cyrus, dit-il, vit dans son enfance un homme de haute taille, vêtu d'une courte-tunique, et près de lui un nain avec une robe longue et traînante. Il fut d'avis qu'ils échangeassent leurs robes, afin que chacun eût celle qui convenait à sa taille ; mais son maître déclara qu'on devait laisser à chacun ce qui lui appartenait. On aurait pu concilier les deux avis, en ordonnant au premier de donner au nain, après l'échange, une certaine somme d'argent.

« Tout le monde, ajoute Képler, voit clairement par cet exemple qu'une proportion géométrique peut être aussi harmonique : telle est 1, 2, 4, ou encore l'heureux arrangement qui donne au plus grand la robe la plus longue. Une proportion arithmétique peut aussi être harmonique : telle est 2, 3, 4, ou encore l'utile échange qui permet au nain, possesseur d'une longue robe, de ne pas perdre son bien, mais de le changer en argent qu'il pourra appliquer à un meilleur usage.

Ce passage, que je traduis de mon mieux, et je n'ai pas besoin de le dire, sans en bien pénétrer le sens, suffit, je crois, pour donner une idée du chapitre sur la politique.

Le dernier chapitre enfin précise la nature des accords planétaires : Saturne et Jupiter font la basse, Mars le ténor, Vénus le contralto, et Mercure le fausset.

Ces idées obscures et chimériques, dans lesquelles l'esprit de Képler se fatigue et s'égare, semblent l'inutile et vain amusement d'une imagination affranchie du joug de la raison ; on s'avance avec tristesse, sans oser sonder la mystérieuse profondeur de cette grande intelligence conduite, par une inspiration sans lumière, dans le pur domaine de la fantaisie.

Mais, aux dernières pages du livre, le génie du rêveur inspiré se réveille tout à coup pour lui dicter de fiers et magnifiques accents, devenus non moins immortels que la découverte qu'ils annoncent : « Depuis huit mois, dit-il, j'ai vu le premier rayon de lumière ; depuis trois mois, j'ai vu le jour ; enfin, depuis peu de jours, j'ai vu le soleil de la plus admirable contemplation. Je me livre à mon enthousiasme, je veux braver les mortels par l'aveu ingénu que j'ai dérobé les vases d'or des Égyptiens, pour en former à mon Dieu un tabernacle loin des confins de l'Égypte. Si vous me pardonnez, je m'en réjouirai ; si vous m'en faites un reproche, je le supporterai ; le sort en est jeté. J'écris mon livre ; il sera lu par l'âge présent ou par la postérité, peu importe ; il pourra attendre son lecteur : Dieu n'a-t-il pas attendu six mille ans un contemplateur de ses œuvres ? »

Puis, revenant au langage précis de la science, il révèle la célèbre loi qui, reliant tous les éléments de notre système, rattache les grands axes des orbites planétaires à la durée des révolutions : rien de plus inattendu que cette vive lumière qui semble s'élancer du chaos. Le lecteur étonné se demande comment ces règles précises et ces proportions mathématiques apparaissent tout à coup dans un monde où Képler semblait entrer en rêvant ; comment tant de clarté subite après des obscurités si profondes ? comment cette pure mélodie après les harmonies douteuses qui précèdent ? Nul aujourd'hui ne saurait le dire. Képler énonce sa loi, la vérifie sans songer à faire connaître comme d'habitude l'histoire de ses idées ; puis, charmé par la pleine et entière possession de l'un des secrets les plus longtemps et les plus ardemment désirés, la joie le pénètre avec trop d'abondance pour qu'il se contente des expressions humaines ; toutes les puissances de son âme éclatent en actions de grâces, et le pieux Képler, empruntant les paroles majestueuses de l'Écriture, s'écrie avec le Psalmiste : « La sagesse du Seigneur est infinie, ainsi que sa gloire et sa puissance. Cieux, chantez ses louanges ! Soleil, lune et planètes, glorifiez-le dans votre ineffable langage ! Harmonies célestes, et vous tous qui savez les comprendre, louez-le ? Et toi, mon âme, loue ton Créateur ! c'est par lui et en lui que tout existe. Ce que nous ignorons est renfermé en lui, aussi bien que notre vaine science. A lui, louange, honneur et gloire dans l'éternité ! »

Et dans une note non moins émue, et plus touchante peut-être que le texte, il ajoute « Gloire aussi à mon vieux maître Mœstlin ! »

L'empereur Mathias était mort. Son successeur à l'empire fut son neveu Ferdinand d'Autriche, dont la pieuse énergie, voulant anéantir en Styrie le culte protestant, avait déjà, vingt ans avant, troublé la vie de Képler. Son zèle n'était pas ralenti, et la persécution s'alluma de plus en plus violente : « Où me réfugier ? écrivait Képler à un ami. Dois-je chercher une province déjà dévastée ou une de celles qui ne tarderont pas à l'être. » Il avait heureusement conservé d'amicales relations avec les jésuites les plus distingués, et comme leur influence sur l'esprit de Ferdinand était toute-puissante, ils obtinrent, lorsque Wallenstein fut nommé duc de Friedland, qu'un article du décret assurât l'avenir de Képler en l'attachant à son service et stipulant que l'arriéré de sa solde comme astronome impérial serait payé sur les revenus du duché. Mais de nouvelles difficultés vinrent bientôt le jeter dans de nouveaux embarras : le tendre et doux Képler, séparé à regret de sa femme et de ses enfants, ne pouvait s'accoutumer au tumulte et au désordre des camps. Peu propre au métier de courtisan, il n'avait pas d'ailleurs assez d'empressement et de souplesse pour obtenir les faveurs et mériter les grâces d'un maître impérieux et hautain, dont la protection était un joug déguisé. Wallenstein, voyant avec une extrême impatience le peu de foi au langage des astres de celui qu'il considérait comme son astrologue, ne tarda pas à congédier Képler et le remplaça par le Vénitien Séni, dont la science trompeuse et accommodante caressa, jusqu'au dernier jour, l'imprudente ambition d'un maître « qui voulait, dit Schiller, faire prévaloir sa volonté jusque dans le ciel. »

Képler ne craignit pas d'affronter dans sa faiblesse le ressentiment de l'homme tout-puissant qui avait imposé ses lois à l'empereur lui-même : il réclama avec insistance le payement de la somme stipulée dans le décret impérial ; mais il épuisa en vain ses forces dans les nombreux voyages qu'entraînaient ses incessantes démarches, et il mourut à Ratisbonne, le 15 novembre 1630, à l'âge de cinquante-neuf ans.

Par la réunion des qualités les plus opposées, Képler occupe dans l'histoire de la science une place tout exceptionnelle. En montrant, dès ses premiers pas dans l'étude de l'astronomie, le présomptueux espoir de déchiffrer l'énigme de la nature et de s'élever par le pur raisonnement à la connaissance des vues esthétiques du Créateur, il sembla d'abord s'égarer avec une audace insensée, et sans trouver fond ni rives, sur cette mer si vaste et si agitée où Descartes, poursuivant le même but, devait bientôt se perdre sans retour ; mais, dans l'ardent et sincère élan de son âme vers la vérité, la curiosité de Képler l'agite et l'entraîne sans que l'orgueil l'aveugle jamais ; ne regardant comme certain que ce qui était démontré, il était toujours prêt à réformer ses jugements en sacrifiant les plus chères inventions de son esprit, aussitôt qu'un laborieux et sévère examen refusait de les confirmer : mais quelles sublimes émotions, quels accents d'enthousiasme et de joyeuse ivresse, lorsque le succès justifie ses témérités, et qu'après tant d'efforts il atteint enfin le but ! Le noble orgueil qui élève et enfle parfois son langage n'a rien de commun avec la vaniteuse satisfaction d'un inventeur vulgaire. Superbe et audacieux quand il cherche, Képler redevient modeste et simple dès qu'il a trouvé, et, dans la joie de son triomphe, c'est Dieu seul qu'il en glorifie. Son urne, aussi grande qu'elle était haute, fut sans ambition comme sans vanité ; il ne désira ni les honneurs ni les applaudissements des hommes ; n'affectant aucune supériorité sur les savants, aujourd'hui obscurs, auxquels sa correspondance est adressée, il montra constamment la même déférence respectueuse pour le vieux Mœstlin, dont la seule gloire, à nos yeux, est d'avoir formé un tel disciple. Lorsque, maître déjà de ses plus grandes découvertes, il lui fallait chaque jour descendre des hauteurs de sa pensée pour lutter avec les vulgaires nécessités de la vie, il ne se plaignit jamais de voir son mérite méconnu ou contesté, et toujours enfin il accepta simplement, sans murmure ni chagrin, les travaux ou les emplois, quels qu'ils fussent, qui pouvaient l'aider à nourrir sa famille.

Les lois de Képler sont le fondement solide et inébranlable de l'astronomie moderne, la règle immuable et éternelle du déplacement des astres dans l'espace ; aucune autre découverte peut-être n'a enfanté de plus nombreux travaux et de plus grandes découvertes ; mais la longue et pénible route qui l'y a conduit n'est connue que du petit nombre. Aucun des nombreux écrits de Képler n'est considéré comme classique, ses ouvrages sont bien peu lus aujourd'hui ; sa gloire seule sera immortelle : elle est écrite dans le ciel ; les progrès de la science ne peuvent ni la diminuer ni l'obscurcir, et les planètes, par la succession toujours constante de leurs mouvements réguliers, la raconteront de siècle en siècle.

# Chapitre IV

## GALILÉE et ses travaux

Lorsque l'extrême lenteur d'un changement dans le ciel laisse les astronomes indécis sur son existence même et sur le sens dans lequel il a lieu, ils comparent deux observations éloignées, et si le doute subsiste, on peut affirmer avec certitude que l'élément mesuré, ne subissant aucune altération régulière et permanente, est invariable, ou que peu s'en faut.

Une telle méthode appliquée à l'histoire de l'esprit humain fournirait de graves motifs de tristesse et de découragement. L'ignorance et l'aveuglement des hommes sont de tous les temps. Toujours même intolérance, mêmes illusions téméraires, mêmes préoccupations opiniâtres :

*Toujours mêmes acteurs et même comédie !*

Trois siècles avant notre ère, un philosophe, nommé Cléanthe, demandait qu'on appelât Aristarque en justice comme blasphémateur pour avoir cru la terre en mouvement et osé faire du soleil le centre immuable de l'univers. Deux mille ans plus tard, la raison humaine est restée au même point ; le vœu de Cléanthe se réalise, et Galilée, à son tour, est accusé de blasphème et d'impiété. Un tribunal redouté de tous condamne ses écrits, le contraint à un désaveu démenti par sa conscience, et, le jugeant indigne de la liberté dont il a abusé, il la lui ravit en partie et croit faire acte d'indulgence.

Mais ce n'est pas ainsi qu'il faut juger l'histoire. Les événements sont peu de chose : l'impression qu'ils produisent révèle seule la conscience publique, et jamais peut-être sa généreuse aversion pour l'intolérance n'a éclaté plus fortement qu'autour du nom de Galilée. Le récit de ses malheurs, exagéré comme une pieuse légende, a affermi en le vengeant le triomphe des vérités pour lesquelles il a souffert ; le scandale de sa condamnation troublera à jamais dans leur orgueil ceux qui voudraient encore opposer la force à la raison, et la juste sévérité de l'opinion en conserve le souvenir importun comme un éternel reproche qu'elle leur jette au front pour les confondre. Il faut tout dire : cette grande leçon n'a pas coûté de bien profondes tristesses, et la longue vie de Galilée, prise dans son ensemble, est une des plus douces et des plus enviables que raconte l'histoire de la science »

Galilée naquit à Pise, le 15 février 1564 ; son père, Vincent Galilée, était un homme de grand mérite : il a laissé sur la comparaison de la musique ancienne avec la musique moderne un dialogue estimé des connaisseurs ; sa fortune était modeste, et l'éducation de ses quatre enfants exigea de lourds sacrifices qu'il n'hésita pas à s'imposer. À l'âge de dix-neuf ans, Galilée était versé dans les lettres grecques et latines ; fort habile dans la théorie comme dans la pratique de la musique, il s'était, en outre, exercé aux arts du dessin, et les artistes les plus célèbres estimaient assez la pureté de son goût pour recevoir et rechercher ses conseils. Galilée était, on le voit, comme son compatriote Léonard de Vinci, une de ces belles intelligences sur lesquelles la nature semble avoir répandu ses dons à main ouverte. De tels hommes peuvent librement choisir, aucune voie ne leur est imposée. Léonard, en dirigeant autrement les forces de son grand esprit, aurait pu demander la gloire à la science sans laisser peut-être un nom moins illustre, et Galilée, qui lui ressemble par la solidité du jugement comme par la grâce d'imagination brillante et féconde, aurait pu, s'il l'avait voulu, devenir un grand artiste.

GALILÉE.

Vincent Galilée habitait Florence ; désireux pour son fils d'une profession lucrative, il l'envoya faire ses études médicales à l'Université de Pise. Accoutumé à exceller en tout, Galilée n'obtint pas d'abord les succès qu'il devait espérer : laissant sa curiosité errer d'objet en objet, il étudiait la philosophie plus assidûment que la médecine, mais les fausses subtilités de l'école ne pouvaient nourrir le feu de son esprit ; traversant les abstractions métaphysiques, il cherchait les idées sous les mots et brisait la chaîne des raisonnements sophistiques et mal fondés, pour interroger curieusement l'expérience et ne céder qu'à elle seule. Ses maîtres, au contraire, enveloppant leur intelligence dans la vague obscurité d'une doctrine qu'ils croyaient fixée à jamais, regardaient comme impossible d'inventer et de perfectionner. Aristote était pour eux un esprit divin et au-dessus de l'humanité, presque une idole ; ils ne s'assuraient qu'en lui seul ; ses écrits, toujours lus et toujours cités, renfermaient la perfection de la science et la plénitude des connaissances humaines. La complète intelligence de son texte était le but où l'on devait tendre et le moyen de se faire un grand nom. Sur les vaines hauteurs où ils se croyaient élevés, les esprits, plongés dans un repos qui semblait un sommeil, demeuraient indifférents aux sujets négligés par le maître, et nul n'osait résoudre ce qu'il n'avait pas tranché.

Galilée cependant, tourmenté déjà des grands secrets de la nature, élevait plus haut son esprit et rêvait de nouvelles conquêtes ; révolté par la stérile tyrannie sous laquelle succombait la raison, il osait signaler irrespectueusement les incertitudes du péripatétisme et en attaquer hautement les chimères : sa libre et judicieuse critique était traitée de folle arrogance et semblait presque un sacrilège. Les péripatéticiens à outrance, se piquant de mépriser les objections, tenaient à honneur de n'y pas répondre ; ils ne consentaient pas même toujours à les écouter, et le dédain outrageux des plus indulgents, regardant l'opposition du jeune philosophe comme le vain prétexte d'un écolier paresseux, ne voulait voir dans la vivacité de son esprit que la présomptueuse singularité d'un indocile ergoteur.

Lorsque Galilée revint à Florence, à l'âge de vingt-deux ans, le hasard le fit assister à une leçon de géométrie. Là enfin il entendit des vérités claires et précises, établies par des raisonnements nets et intelligibles ; comprenant alors que les mathématiques et non la logique enseignent l'art de raisonner, il s'y adonna avec une forte et exclusive application et fit de rapides progrès.

Vincent Galilée avait d'autres vues sur l'avenir de son fils ; il essaya de lutter, mais il avait trop de science et de jugement pour méconnaître et combattre longtemps une vocation aussi prononcée, et lorsque le jeune Galilée, ayant découvert d'élégants théorèmes sur les centres de gravité, reçut des juges les plus célèbres des marques flatteuses d'estime et d'admiration, son père se rendit de bonne grâce et sans regret.

Dans ses premiers travaux, Galilée se montrait l'élève d'Archimède. L'esprit du maître, dont il est pénétré, apparaît dans l'élégance ingénieuse avec laquelle il sait enlever au sophiste le plus subtil la possibilité d'une objection. Sa dissertation sur les centres de gravité suffit pour montrer les qualités d'invention et de jugement qui auraient pu, dans la voie des mathématiques pures, l'élever au rang des plus illustres. Dans ses recherches sur la balance hydrostatique, qui datent de la même époque, il montra comment Archimède a pu peser simplement et avec précision l'or dérobé par l'orfèvre du roi Hiéron. La pratique cette fois est associée à la théorie, qui ne sert qu'à la diriger.

Très-ami de la société, comme il le fut toujours, et très-ardent au plaisir, Galilée fréquentait les jeunes gens de son âge : comme les plus distingués d'entre eux, il tournait spirituellement des vers en langue vulgaire. On possède de lui une invective bouffonne contre l'usage de porter des vêtements. Sa muse, il faut l'avouer, joint l'exemple au précepte ; plus grossière encore que gaie, elle ne laisse rien à deviner. Le sujet de cette plaisanterie, un peu trop prolongée, provoque par malheur un bien dangereux rapprochement : dans les premières strophes de *Namouna*, notre charmant Alfred de Musset s'est joué des mêmes difficultés avec moins de licence et beaucoup plus de grâce. Galilée en retournant le sujet en tous sens ne trouve pas un seul de ces accents qui, par un brillant contraste avec le reste de la pièce, s'élèvent à l'improviste vers les plus hautes régions et se gravent dans la mémoire ; il ne s'écrie pas, comme Musset :

*Tous les cœurs vraiment beaux laissent voir leur beauté.*

C'est le corps seul qui l'occupe pendant trois cents vers.

La collection de ses œuvres contient, en outre, un plan de comédie et un sonnet à une dame cruelle dont l'indifférence à regarder brûler son cœur lui rappelle Néron contemplant l'incendie de Rome. Tout cela n'a nulle importance et ne prouve que le zèle impitoyable des éditeurs qui le publient.

Quoique déjà célèbre par ses premiers travaux, Galilée demanda, sans l'obtenir, une place de professeur à Florence ; peu de temps après, on lui accorda la chaire de mathématiques à l'université de Pise. Secouant la poussière de l'école et condamnant tout d'abord le respect de la tradition comme un obstacle au progrès, du haut de sa chaire il éclata de toute sa force contre les impertinences scolastiques, et s'appuyant sur un guide qui ne trompe jamais, je veux dire l'expérience, il osa s'avancer hors des sentiers frayés en contestant à ses collègues, étonnés de tant d'audace, la vérité de leurs doctrines tout ensemble et le titre de disciples d'Aristote. « Aristote, disait-il, nous a laissé les règles immuables du raisonnement, il a enseigné l'art de découvrir, d'argumenter, de tirer des prémisses des conséquences exactes. Celui qui suit avec une fructueuse curiosité la sage direction de ses méthodes ne se montre-t-il pas plus justement son disciple que ceux qui, s'arrêtant lorsqu'il faut marcher toujours, abusent de son glorieux nom pour imposer des erreurs et des illusions ? »

Parmi les théories acceptées alors, et dont le jeune professeur sapait hardiment les fondements, celle de la chute des corps est la plus importante et la plus célèbre. On a raconté bien souvent comment, en laissant tomber du haut de la tour de Pise des corps inégalement pesants, il démontra, à tous ceux qui voulurent bien regarder, que la vitesse acquise n'est pas proportionnelle au poids, et qu'un corps deux fois plus lourd ne tombe pas deux fois plus vite ; mais c'est là une vérité trop facile à constater pour qu'on puisse y attacher grande importance ; et si les savants, sur la foi d'Aristote, s'accordaient obstinément à la nier, beaucoup d'ignorants avaient pu l'apercevoir. Galilée alla beaucoup plus loin, et trouva, dès cette époque, les lois mathématiques de la chute des corps et les propriétés du mouvement uniformément accéléré. Il composa sur ce sujet un dialogue resté inédit jusqu'à ces dernières années, et dans lequel on retrouve une ébauche très-précise et très-ferme des théories qu'il devait exposer cinquante ans plus tard dans le dernier et le plus parfait de ses ouvrages.

C'est à l'époque de son séjour à Pise qu'il faut également rapporter les premiers travaux de Galilée sur le pendule. Un jour qu'il assistait, peu attentif, il faut le croire, à une cérémonie religieuse dans la cathédrale, ses regards furent frappés par une lampe de bronze, chef-d'œuvre de Benvenuto Cellini, qui, suspendue à une longue corde, oscillait lentement devant l'autel. Peut-être, les yeux fixés sur ce métronome improvisé, mêla-t-il sa voix à celle des officiants : la lampe s'arrêta peu à peu, et, attentif à ses derniers mouvements, il reconnut qu'elle battait toujours la même mesure. La durée de l'oscillation est indépendante de l'amplitude. Galilée s'étonna de cette constante uniformité, dont il entrevit aussitôt les belles et utiles conséquences. La première application à laquelle il songea fut inspirée par ses études de médecine. On tâtait depuis longtemps le pouls aux malades, et pour désigner le résultat de cet examen, la langue médicale, Molière nous l'apprend, était même d'une grande richesse ; mais on ne mesurait pas, faute d'instruments convenables, la durée exacte d'une pulsation. Galilée songea à la comparer à celle des oscillations d'un pendule. Une disposition, facile à imaginer, permettait d'allonger ou de raccourcir le fil de suspension pour obtenir l'accord désiré, et lorsqu'un malade avait la fièvre, au lieu de dire, comme aujourd'hui ; son pouls bat cent quarante pulsations par minute, on disait : il marque six pouces trois lignes au pulsilogue. Plusieurs médecins célèbres s'empressèrent d'adopter cette idée, et quelques-uns lui firent même l'honneur de se l'approprier.

La théorie mathématique du mouvement était trop peu avancée pour conduire à la loi précise de l'oscillation. C'est à Huyghens qu'était réservé l'honneur de la découvrir en la rattachant aux principes de Galilée sur la chute des corps. L'illustre Italien se borna à montrer expérimentalement que la durée de l'oscillation croît comme la racine carrée de la longueur de la corde, et il en conclut la possibilité de mesurer la hauteur d'un édifice d'après le temps de l'oscillation d'une corde suspendue à la partie supérieure.

L'importante application à l'horlogerie ne le préoccupa que plus tard et lorsque, vers la fin de sa vie, il y fut ramené par d'autres problèmes.

Les idées nouvelles de Galilée se répandaient peu à peu, et l'éclat de son enseignement semblait lui promettre une facile carrière dans l'Université de Pise, lorsque le grand-duc Ferdinand de Médicis, qui appréciait son mérite, lui donna malheureusement une marque de confiance dont les suites devinrent fâcheuses. Jean de Médicis, fils naturel du duc, avait inventé une machine à draguer qu'il voulait employer au port de Livourne. Avant d'ordonner les dépenses nécessaires, Ferdinand consulta Galilée, qui déclara le projet impraticable. La machine ne fut pas construite, et la puissante inimitié du jeune prince poursuivit en toute occasion l'auteur du judicieux rapport. D'un autre côté, l'aveugle attachement des péripatéticiens à Aristote se tournait en aversion pour son contradicteur, et leur opposition, qui ne cessait de le représenter comme un ennemi de la science, lui suscitait avec un malin plaisir les continuelles difficultés d'une guerre sans trêve. Tant d'injustices lui rendirent le séjour de Pise insupportable, et il demanda la chaire de mathématiques de Padoue, qui, vacante depuis deux ans, lui fut aisément accordée. La lettre dans laquelle le doge de Venise informe l'Université du choix qu'il vient de faire montre quelle était déjà la réputation de Galilée, âgé alors de vingt-huit ans. « Par la mort du professeur Moleti, dit-il, la chaire de mathématiques à l'Université est vacante depuis longtemps. Connaissant toute l'importance de ces études et leur utilité pour les sciences principales, nous avons différé la nomination, faute d'un sujet suffisamment méritant. Aujourd'hui se présente le sieur Galilée, qui professe à Pise avec un grand succès et est justement regardé comme le plus habile en ces matières. Nous l'avons chargé, en conséquence, de la chaire de mathématiques pour quatre années, avec les appointements de 180 florins par an (1,800 francs environ). »

Les succès du jeune professeur dépassèrent toutes les espérances. La salle habituelle fut bientôt trop petite ; on dut la changer deux fois, et deux mille auditeurs firent retentir jusqu'à Venise sa réputation d'éloquence et de grand savoir. Son esprit aimable et gracieux le fit rechercher par les plus illustres patriciens, et c'est un honneur pour le sénat de l'avoir libéralement favorisé en toute circonstance. Son engagement de quatre années fut renouvelé, et ses appointements successivement augmentés jusqu'à la somme de 1,000 florins, qui lui fut assurée pour toute sa vie. Plusieurs de ces augmentations étaient la récompense des découvertes utiles et excellentes par lesquelles son génie inventif marquait pour ainsi dire tous les pas de sa carrière ; l'occasion de l'une d'elles fut cependant toute différente. Une jeune Vénitienne, dont il était éperdument amoureux, avait suivi Galilée à Padoue ; leurs relations étaient publiques. Quoiqu'on, ne se piquât pas alors d'une grande sévérité de mœurs, cette situation irrégulière fut dénoncée au sénat, qui ne crut pas, dit un auteur italien, devoir punir ce crime d'un nouveau genre, et voulant au contraire, dans sa sagesse, couvrir de confusion les envieux délateurs, il tourna en faveur de Galilée le fait allégué pour le perdre, et puisque, n'étant pas seul, il avait double dépense à faire, on doubla ses appointements.

Malgré cet accroissement de revenu, le jeune professeur devait consacrer à des leçons particulières une grande partie de son temps. La mort de son père l'avait fait chef d'une famille nombreuse à laquelle il fallait venir en aide. Ses lettres, sans respirer une grande tendresse, montrent des sentiments généreux et désintéressés ; il fait posément, et sans élan, il est vrai, tout ce qui est utile et nécessaire. C'est ainsi, par exemple, qu'à l'occasion d'un mariage proposé pour Livie, la plus jeune de ses sœurs, il écrit à sa mère que pour le moment, obligé d'aider son frère Michel-Ange, qui vient d'obtenir un emploi en Pologne, il lui serait impossible de faire les dépenses nécessaires. Le parti semble d'ailleurs peu avantageux, et les ressources du futur ne permettraient pas de conduire une maison. « Cependant, ajoute-t-il, lorsque Michel-Ange aura envoyé de l'argent, si Livie veut encore affronter les misères du monde, nous pourrons nous occuper d'elle ; d'ici là, je voudrais seulement qu'on la changeât de couvent. Il est meilleur pour elle d'attendre : on pourrait lui citer, pour l'en convaincre, des dames de la plus haute naissance et même des reines, qui, pour se marier, ont attendu un âge double du sien. »

Lorsque Galilée arriva à Padoue, ses idées sur le système du monde étaient entièrement formées.

C'est à lui-même, sans nul doute, que se rapporte le récit suivant, placé dans la bouche de l'un des interlocuteurs de ses dialogues : « Lorsque, jeune encore, je finissais mon cours de philosophie, un étranger, nommé Christiano Urstino, fit à l'Académie quelques leçons publiques sur le système de Copernic, dont il était partisan. L'affluence fut grande, mais je me dispensai d'aller entendre la défense d'une opinion que peu de personnes approuvaient, et qui me semblait complètement absurde. Urstino, d'ailleurs, eut peu de succès ; ses auditeurs restaient incrédules et concluaient tous contre lui : un seul d'entre eux osa m'affirmer que sa théorie n'était nullement ridicule ; mais, comme celui-là était précisément un homme de grand bon sens, je regrettai de n'avoir pas assisté aux leçons. Interrogeant alors les partisans de Copernic, j'appris que tous d'abord avaient été opposés à sa doctrine, et ne l'avaient adoptée que forcés par des arguments sans réplique. »

Galilée pensa alors qu'en ce point, comme en beaucoup d'autres, il valait mieux suivre le petit que le grand nombre, et cette inclination un peu vague, fortifiée par de continuelles méditations et par la lecture attentive du livre de Copernic, devint bientôt pour lui une inébranlable conviction. Une lettre à Képler, datée du 6 août 1597, montre ses opinions très-arrêtées. Après avoir reçu le *Prodrome*, dans lequel sont réunis les plus forts arguments qui aient été donnés en faveur de Copernic, il lui écrit : « Je lirai votre livre d'autant plus volontiers que depuis longtemps déjà je suis partisan de Copernic. J'ai trouvé dans ses idées l'explication d'un grand nombre d'effets naturels qui autrement seraient inexplicables. J'ai écrit tout cela, mais je me garde de le publier ; le sort de Copernic m'effraye, je l'avoue : il était digne d'une gloire immortelle, et on l'a mis au nombre des insensés. Je serais plus hardi s'il y avait beaucoup d'hommes tels que vous. » Toujours pressé du désir de propager la vraie doctrine, Képler répondit : « Ayez confiance, Galilée ; peu de mathématiciens, j'en ai la certitude, refuseront de marcher avec nous. Si l'Italie met obstacle à vos publications, l'Allemagne peut-être vous offrira plus de liberté, et si vous ne voulez rien publier, communiquez-moi au moins particulièrement ce que vous aurez trouvé de favorable à Copernic. »

Galilée dans sa chaire jouissait d'ailleurs d'une grande liberté. Les réformateurs vénitiens applaudissaient à des hardiesses qui enrichissaient l'Université en augmentant le nombre de ses élèves. Des princes et des grands seigneurs étaient attirés de toutes les parties de l'Italie et de l'Europe par la réputation croissante de l'illustre professeur, et pendant les vacances mêmes, Galilée était mandé à Florence pour donner des leçons au jeune Cosme, fils du grand-duc de Toscane. Quoiqu'on prît alors, en Italie surtout, de grands soins pour les élever dans les lettres, ces nobles élèves, on le comprend, n'accordaient qu'une partie de leur temps à l'étude ; ils voulaient savoir beaucoup en apprenant peu, et demandaient dans la science, comme le roi Ptolémée à Euclide, des routes royales et faciles. Galilée n'exigeait qu'un peu de confiance pour les conduire sans fatigue jusqu'aux applications utiles qui intéressaient leur curiosité. C'est, comme il le dit lui-même, pour de tels disciples qu'il inventa le compas de proportion, instrument oublié aujourd'hui, et qui, bien que fondé sur des principes tout différents, pourrait, d'après ses usages, être comparé à la règle à calcul. « Il permet, dit Galilée, d'éviter les longues études et d'enseigner en peu de jours ce que l'arithmétique et la géométrie ont de plus utile pour les travaux militaires ou civils ; mais il faut, ajoute-t-il, un enseignement de vive voix. L'instrument est difficile à décrire, et les détails n'en peuvent être aisément saisis par ceux qui ne l'ont pas vu fonctionner. » Nous n'essayerons pas, on le comprend, de lutter contre cette difficulté et d'expliquer par le seul discours une invention ingénieuse, mais éclipsée depuis par tant d'autres plus brillantes. Galilée cependant y a attaché de l'importance. C'est en la réclamant contre un obscur plagiaire qu'il montra, pour la première fois, sa verve de pamphlétaire et la vigueur de sa dialectique. Rien n'égale la véhémence de ses reproches et des flétrissures qu'il inflige à Balthasar Capra. Le public, surabondamment éclairé, prit parti pour Galilée, et le livre de Capra, devenu tristement célèbre, fut prohibé comme diffamatoire.

Parmi les sciences accessoires qu'enseignait Galilée, figurait au premier rang l'art de la fortification et de la défense des places. Galilée composa sur ce sujet un traité complet qui, récemment publié, fait honneur à son esprit sagace et lucide. Il expose très-nettement les principes de cette science naissante, tels qu'ils venaient d'être établis par les ingénieurs italiens pendant la seconde moitié du seizième siècle. La forme bastionnée, les chemins couverts, les tenailles, les cavaliers ou retranchements extérieurs, y sont décrits, avec leurs défectuosités il est vrai ; mais les officiers sont surpris cependant de rencontrer chez Galilée, sur de telles questions, beaucoup plus de sens pratique que chez les autres prédécesseurs de Vauban.

L'invention du thermomètre date, comme celle du compas de proportion, des premières années de son séjour à Padoue. Quoique dans les œuvres imprimées de Galilée il ne soit pas question de cet instrument, on a établi très-nettement ses droits de priorité. Le thermomètre de Galilée se composait d'un tube de petit diamètre terminé par une boule grosse environ comme un œuf de poule. Après y avoir introduit de l'eau, on le retournait en le faisant plonger dans un vase plein d'eau lui-même, et de manière à laisser assez d'air dans le tube pour que le liquide s'y élevât de quelques pouces seulement. Contrairement à ce qui a lieu dans les instruments actuels, l'air, en se dilatant, abaissait la colonne liquide. La pression barométrique et la tension variable de la vapeur d'eau troublaient, on le voit, l'instrument, qui, dépourvu de points fixes, ne pouvait donner d'indications comparables. Galilée en construisit un grand nombre, et son enseignement en répandit rapidement l'usage dans les habitudes de la vie commune.

Vers le milieu de l'année 1609, le bruit se répandit à Venise que certains instruments, fabriqués en Hollande, permettaient d'apercevoir distinctement les objets éloignés. Un tel prodige, dont on ne divulguait pas le secret, trouvait beaucoup d'incrédules. Galilée, en s'appliquant à le reproduire, imagina la lunette qui porte son nom. L'art de travailler le verre était alors poussé à Venise plus loin qu'en aucun autre pays. Le précieux instrument fut bien vite offert à l'admiration du sénat et à l'empressement des particuliers. Une lunette, installée sur le sommet du campanile de Saint-Marc, causa une joie publique et universelle ; les Vénitiens, ravis d'étonnement et d'admiration, ne se lassaient pas de chercher et de découvrir au loin des navires complètement invisibles aux yeux les plus perçants. Un tel secret semblait assurer la supériorité des flottes qui pourraient s'en servir, en leur permettant de surprendre à volonté un ennemi ou d'éviter son approche. Le sénat, juste appréciateur du service rendu à la république, doubla les appointements de Galilée en lui en assurant la jouissance pendant sa vie entière.

L'invention n'était pas aussi nouvelle qu'on le croyait à Venise ; on l'avait déjà faite et propagée en Hollande et en France, quoique avec moins d'art et de succès ; mais à Galilée était réservé l'honneur de construire le premier des appareils d'une grande puissance et de les tourner vers le ciel pour en sonder les abîmes. Qui pourrait dire sa joie et son ravissement en présence de ce grand et nouveau spectacle, lorsque, les astres s'abaissant en quelque sorte pour lui révéler le secret de leur splendeur et de leur immensité, il vit les bornes de l'univers se reculer tout à coup en ouvrant à ses pensées, comme à sa vue, une carrière nouvelle et infinie ! Isaïe avait dit : *Ecce enim ego créa novos cœlos et gaudebitis et exultabitis*. L'heureux Galilée voyait la prédiction réalisée à la lettre : Dieu avait créé pour lui de nouveaux cieux, et son âme nageait dans la joie. Dix mois après l'invention de la lunette, il commençait à faire imprimer le *Sidereus Nuntius* (*Courrier céleste*), essayant de choisir parmi les merveilles nouvelles qui s'offraient ensemble à sa vue celles dont il fallait hâter ou différer la révélation. Plus rapprochée et plus accessible à notre vue, la lune devait être le premier objet de son étude. La doctrine des péripatéticiens était alors incontestée : immortelle et inaltérable comme les autres corps célestes, la forme sphérique convenait seule, suivant leurs principes, à la perfection imaginaire de son essence ; l'adversaire persévérant et quelque peu passionné d'Aristote vit avec autant de joie que d'admiration le globe de la lune couvert au contraire, comme celui de la terre, de montagnes et de vallées, qui, diversement éclairées par le soleil, manifestent par leurs ombres portées leur élévation ou leur profondeur. La lumière du soleil, après avoir doré les cimes élevées, se répand graduellement sur les plaines et jusqu'au fond des précipices qui les entourent. Dirigeant ensuite sa lunette vers les étoiles, il aperçut une multitude infinie d'astres brillants, qui, perdus dans les profondeurs du ciel, n'envoient à nos yeux que d'invisibles rayons. Ils devenaient distincts sans acquérir un diamètre appréciable. Celui des étoiles de première grandeur semble à peine augmenté. L'explication de ce fait, qui ne lui échappa point, est dans l'auréole qui les accompagne et les agrandit sans laisser voir de contours précis et de forme nettement définie. Les planètes, au contraire, dont le diamètre apparent est sensible, semblent arrondies comme de petites lunes.

La voie lactée attira particulièrement l'attention de Galilée : au lieu d'un nuage sans forme distincte, formé par une vapeur lumineuse, il y montra l'agglomération irrégulière des groupes confus d'étoiles que le télescope rendait distinctes. Une telle démonstration contrariait la doctrine des astrologues, suivant laquelle ces nébuleuses obscurcissaient les intelligences soumises à leur influence, tandis que les petites étoiles signalées par Galilée ne pouvaient plus jouer aucun rôle ; mais la plus brillante découverte annoncée par le *Sidereus Nuntius* est celle des satellites de Jupiter. Galilée les prit d'abord pour de petites étoiles auprès desquelles Jupiter était venu fortuitement se placer. Il reconnut bientôt que, tantôt en avant, tantôt en arrière, ils ne quittaient pas la planète et tournaient incessamment autour d'elle. Ces petits astres étaient donc réellement de nouvelles planètes invisibles jusqu'alors à tous les yeux. Il leur donna le nom d'*astres de Médicis*, que le divin architecte semblait, dit-il, avoir dicté lui-même. La flatterie nous semble innocente, mais un peu forte ; telle n'était pas l'opinion de Belisario Vinta, secrétaire et courtisan du grand-duc, qui trouva l'idée de Galilée généreuse et héroïque et tout à fait digne de son admirable génie.

Toutes ces nouveautés étonnaient les esprits, et la singularité de tels résultats renversait les règles de la tradition. À Padoue, elles étaient reçues avec applaudissement ; la parole nette et pénétrante de l'illustre professeur captivait ses auditeurs et les entraînait ; mais dans le reste de l'Italie de nombreux contradicteurs résistaient avec obstination, en opposant même, pour les nier ensemble, les découvertes les unes aux autres. Comme le télescope faisait apparaître des étoiles en tous les points du ciel, ce sont, disait-on, de fausses images, apparences douteuses ou tout à fait vaines, créées par l'instrument lui-même qui défigure le spectacle des cieux et nous le cache plutôt qu'il ne le montre. Un professeur de Bologne prétendait avoir aperçu trois soleils à la fois : il était aisé de répondre qu'aucune lunette ne montrait de satellites à Mars ou à Vénus, et que toutes s'accordaient à en faire voir autour de Jupiter. Dieu, disait-on encore, ne crée rien en vain, et l'univers, personne n'en doute, a été fait pour l'homme : or à quoi peuvent servir de telles planètes ? Placées hors de la portée de notre vue et condamnées à l'inaction par leur petitesse, elles resteraient oisives et superflues. C'est la faute de la nature, et non la mienne, répondait Galilée ; pourquoi d'ailleurs leur refuser si hardiment un rôle dans la grande machine céleste ? Rien n'est que ce qui doit être : combien les voyageurs ont-ils décrit d'humbles plantes dont l'utilité est inconnue et douteuse ! Osera-t-on en conclure qu'elles n'existent pas ?

L'un des contradicteurs les plus ardents de Galilée fut le Hongrois Horki, dont Képler, son ami et son maître, blâma sévèrement la présomptueuse hardiesse. Son ouvrage hautain et tranchant blessa vivement les amis de Galilée, et vraisemblablement l'illustre philosophe lui-même, qui, cédant néanmoins aux prières de Képler, consentit à n'y pas répondre. « Il n'est pas de votre dignité, écrivait Képler, de faire des frais d'impression pour réfuter un tel adversaire. Voulez-vous, ajoute-t-il, descendre dans la lice, dès que le premier venu a crié comme sur les bancs de l'école : *Responde, responde !* *De suggestu descende !* »

Antoine Roffîni, de Bologne, disciple et ami de Galilée, songeait à une réplique d'une autre nature. « Horki est bien heureux, écrit-il à Galilée, d'avoir reconnu quelques honnêtes gens qu'il avait vus avec moi et d'avoir su leur profession. S'apercevant qu'ils le suivaient, il s'est enfui. » Nous n'avons pas la réponse de Galilée, et je n'ose prendre sur moi d'en deviner le sens. Tout métier doit nourrir son homme, et pour que les honnêtes gens dont parle Roffini vécussent du leur, il fallait qu'on n'eût pas alors sur l'intervention des arguments qu'ils administraient la même manière de voir qu'aujourd'hui.

Quelques péripatéticiens, en acceptant l'invention nouvelle, la revendiquaient pour leur maître, Aristote, en effet, a dit dans un de ses livres qu'un homme, au fond d'un puits de grande profondeur, peut voir les étoiles en plein jour : l'identité de ce puits avec le télescope leur semblait manifeste. D'autres, moins ingénieux, mais non moins dévoués au maître, refusaient de perdre leur temps à discuter des découvertes qu'ils regardaient comme autant de fables, et détournaient simplement les yeux, dédaignant de voir ce qu'il n'avait pas enseigné. Telle était la conclusion d'un pamphlet de Francesco Sizy, auquel Galilée ne répondit pas, se bornant à écrire en marge ces quatre vers de l'Arioste :

*Soggiunse il duca : non sarebbe onesto*
*Ghe io volessi la bullaglia torre*
*Di quel che m'offerisco manifeslo,*
*Quando vi piaccia, innanzi agli occhi porre.*

Ce pauvre Sizy alla cn France chercher d'autres sujets de controverse, et les choisit si malheureusement que, le 19 juillet 1618, il fut pendu et brûlé en place de Grève pour ses erreurs philosophiques.

On opposait encore à Galilée des objections d'une autre nature : il n'existe que sept métaux, le chandelier du temple n'avait que sept branches, et la tête n'a que sept ouvertures ; pourquoi y aurait-il plus de sept planètes ? D'autres enfin lui disaient sérieusement : « Est-il croyable que des astres existent au ciel sans que Ptolémée et ses successeurs les aient connus ? » Képler lui-même, préoccupé de ses idées sur l'harmonieux concert des mouvements célestes, devait goûter difficilement les découvertes qui semblaient en troubler la majestueuse simplicité. Un seul regard dans une bonne lunette dissipa ses doutes. Toujours simple et droit, et oubliant par un prompt changement toutes ses idées préconçues, il s'écria plein d'admiration, en empruntant les paroles attribuées à Julien mourant : *Vicisti, Galilæe !* Dans son enthousiasme, et sans se préoccuper des questions de propriété littéraire, Képler fit imprimer à Prague le *Sidereus Nuntius*, en y ajoutant une belle préface que Galilée reproduisit aussitôt. Képler se plaignit. « J'avais, écrit-il à Galilée, imprimé votre livre à mes frais, et voilà que l'éditeur de Florence envoie en Allemagne des exemplaires de son édition. J'avais pourtant un privilège. Si vous reconnaissez à Florence l'autorité de l'empereur, j'ai droit de me plaindre ; » mais il ajoute aussitôt, comme pour marquer le ton de la réclamation : « Votre libraire de Florence devrait bien m'envoyer en dédommagement un bon verre convexe de douze pieds de foyer, car il est difficile de s'en procurer ici. »

Quoique le nombre des opposants diminuât peu à peu, Galilée redoutait toujours les critiques, et plus une découverte était importante, plus il hésitait à la publier.

D'un autre côté, l'emploi de la lunette commençait à se répandre, et de nombreux rivaux pouvaient lui ravir les droits de priorité. Il concilia tout en lui exprimant ses résultats par des phrases très-courtes dont les lettres transposées, qu'il livrait seules au public, devaient les cacher, tout en lui en assurant la possession. Deux grandes découvertes furent ainsi annoncées dans les lignes suivantes : *Smaismn milne poeta leumi bune leuctavinas : hæc immatura a me jam frustra leguntur oy*. De telles énigmes sont impossibles à déchiffrer. Képler cependant essaya de le faire ; la difficulté d'un problème était pour lui un attrait de plus. Il ne fut pas heureux ; de la première ligne il fit sortir ce vers bizarre :

*Salve umbistinum Martis geminata proles.*

Et, content de sa pénétration, sans s'arrêter à chercher le sens du mot *umbistinum*, il en conclut que la découverte était relative à la planète Mars. En retournant les lettres de la seconde annonce, il en fit sortir aussi des lambeaux de phrases qui simulent un sens astronomique. L'une d'elles commençait ainsi : *Solem gyrari*. Il ne put pas continuer ; mais cette fausse et incomplète divination est antérieure de plusieurs mois à la découverte des taches et de la rotation du soleil. Elle semblerait bien remarquable, si l'on ignorait que Képler lui-même était arrivé par ses idées théoriques à croire à la rotation du soleil. La signification véritable des deux lignes de Galilée était :

*Altissimum planetam tergeminum observavi.*

*Cynthiæ figuras æmulalur mater amorum.*

La première signifie : « J'ai observé la plus haute planète, c'est-à-dire Saturne, et je l'ai trouvée triple ; » — et la seconde : « Les formes de Vénus rivalisent avec celles de Diane, » c'est-à-dire : la planète Vénus a des phases comme la lune.

L'anneau de Saturne, on le sait aujourd'hui, se présente à nous sous des apparences très-diverses. Galilée, pendant qu'il l'observa, crut à deux satellites situés de part et d'autre de la planète, et qui disparaissaient quelquefois, comme si Saturne dévorait ses enfants. Il ne fit donc qu'entrevoir sans la comprendre cette étrange et unique singularité dont il était réservé à Huyghens de pénétrer le mystère. L'observation des phases de Vénus frappa plus encore les astronomes ; elles étaient la conséquence nécessaire du système de Copernic. Ses adversaires l'avaient remarqué et prenaient avantage de l'absence de ces phases. L'observation nouvelle renversait donc un de leurs forts. Galilée ne manqua pas de le constater, mais sans croire pour cela, avec quelques-uns de ses admirateurs, qu'il avait déraciné les derniers doutes et fermé la bouche aux contradicteurs. « Que mes observations, écrit-il à un ami, fournissent de belles conséquences ! mais vous me faites rire en croyant qu'elles vont dissiper tous les nuages et faire cesser toutes les discussions. La démonstration est depuis longtemps portée à la dernière évidence. Nos adversaires seraient persuadés s'ils pouvaient l'être ; mais ils veulent se tromper eux-mêmes. Leur obstination est aveugle et leur ignorance invincible. Les étoiles, descendant du ciel, proclameraient elles-mêmes la vérité sans les décider à la reconnaître. » :

Les insinuations des envieux, se mêlant aux clameurs des péripatéticiens, ne pouvaient cependant obscurcir la gloire de Galilée et empêcher son nom de grandir ; sa renommée remplissait l'Italie entière. Le grand-duc de Toscane, heureux d'en faire rejaillir l'éclat sur sa patrie, accueillit avec empressement les ouvertures de l'illustre astronome, qui désirait échanger la chaire de Padoue contre une position moins laborieuse. « Pendant *les meilleures années de ma vie*, écrivait Galilée à un ami, j'ai compté les heures du jour par celles du travail, dissipant sans cesse, pour l'usage d'autrui, ce que la nature et l'étude m'ont donné d'habileté et de science. » Trente ans plus tard, en songeant aux jours d'espérance, de travail et de douce sûreté écoulés dans une ville où, sans crainte et sans inquiétude, il avait contemplé tant de merveilles et proclamé tant de vérités illustres : « C'est à Padoue, écrivait-il, que j'ai passé *les meilleures années de ma vie !* » Sous les mêmes mots, quelle différence d'accent !

Galilée n'avait pas la prétention déraisonnable d'obtenir des appointements du grand-duc sans lui rendre aucun service ; sentant en lui une source toujours abondante d'inventions et de vérités nouvelles, il ne désirait pas le repos pour délasser son esprit, mais pour demander à des études plus continuelles et plus libres, des inspirations plus hautes encore et des travaux plus achevés. « Le prince auquel je serai attaché ne regrettera pas, écrivait-il, sa libéralité ; mes inventions lui appartiendront et pourront lui rendre de grands services. » Son ami Sagredo déplorait cependant sa résolution et en prévoyait les suites malheureuses. « Pour retourner, lui écrivait-il, dans votre patrie, vous quittez le lieu qui vous convenait. Vous suivez un prince illustre plein de vertu et de grandes espérances ; mais, commandant ici à ceux qui commandent aux autres, vous n'aviez à obéir qu'à vous seul. La cour est une mer orageuse où nul ne peut se flatter d'éviter toujours les écueils et les naufrages. » Galilée, négligeant ces sages avis, se rendit cependant à Florence. Au titre de mathématicien du grand-duc, Cosme de Médicis joignit, selon son désir, celui de philosophe. Les appointements furent fixés à 1,000 écus (11,000 francs) par an, et deux années gracieusement payées d'avance lui permirent d'acquitter la dot promise à ses sœurs, dont une partie, garantie par son frère Michel-Ange, restait encore due à ses beaux-frères.

*

Galilée était connu depuis longtemps à la cour de Florence. Il s'y était rendu plusieurs fois pendant les vacances de l'Université pour donner des leçons au jeune fils du duc. Les lettres écrites pendant son séjour à Padoue témoignent de ses relations continuelles et intimes avec l'entourage du prince. Quelques-unes sont relatives à l'achat d'une pierre d'aimant très-singulière, dont les propriétés extraordinaires, clairement décrites par Galilée, ont semblé difficiles à expliquer aux physiciens. Cette pierre, que le grand-duc paya 200 écus d'or, attirait le fer à distance et le repoussait de près. Galilée, qui, pendant quatre jours, a pu l'étudier attentivement, déclare qu'elle diffère de tous les autres aimants connus. La pierre a été malheureusement perdue, et du temps de Leibnitz, qui a déploré cette perte, on ignorait déjà ce qu'elle était devenue.

L'illustre astronome aimait l'éclat du monde et la société des grands ; il se trouva fort heureux à Florence : l'intime familiarité du grand-duc et la profusion de ses grâces lui donnaient beaucoup de crédit à la cour, où chacun l'applaudissait et l'entourait de prévenances. Peu de jours après son arrivée, Cosme de Médicis lui offrait, pour la belle saison, celle de ses villas qui lui conviendrait le mieux. Malheureusement le gouvernement de Florence était loin d'avoir, vis-à-vis de la cour de Rome, la même indépendance que celui de Venise : Galilée devait l'apprendre par une triste expérience. Comme s'il prévoyait que les embarras viendraient de ce côté, un des premiers usages qu'il fit de sa liberté fut de se rendre à Rome, désireux d'y établir des amitiés utiles parmi les conseillers du saint-siége et de les faire adhérer à la vérité de ses découvertes. Il fut accueilli avec grande faveur. L'Académie des Lyncei, fondée par le prince Cesi, s'empressa de lui ouvrir ses rangs ; elle doit à son adjonction la plus belle part de sa gloire. Galilée accepta le titre de *lynceus*, dont il s'est constamment paré depuis en l'inscrivant sur tous ses ouvrages, et vers la fin de sa vie, après avoir perdu la vue, il plaisantait tristement sur la fâcheuse destinée d'un lynx devenu aveugle.

Galilée vit le pape et fut bien reçu de lui. Il lui baisa les pieds, selon la coutume ; mais le saint-père le fit relever immédiatement, et, par une faveur qui fut remarquée, ne souffrit pas qu'il dît une seule parole à genoux. Il laissa à Rome de nombreux amis, et les adversaires mêmes de ses idées ne songèrent nullement à le persécuter. Le cardinal del Monte écrivait au grand-duc : « Galilée a donné une grande satisfaction à ceux qui l'ont vu, et j'espère que lui-même est parti satisfait. Ses découvertes, appréciées par les hommes instruits et éminents de la ville, ont été trouvées aussi exactes que merveilleuses. L'ancienne Rome, reconnaissante de son rare mérite, lui aurait érigé une statue au Capitole. » Le temps de son séjour à Rome ne fut pas perdu pour la science ; c'est là que, pour la première fois, dans les jardins du cardinal Bandini, Galilée montra distinctement les taches du soleil. Déjà, l'année précédente, il les avait aperçues à Padoue ; mais, combattu et dénigré sans cesse, il craignait la contradiction et renfermait en lui-même une vérité aussi nouvelle, tant qu'il n'en avait pas la démonstration plus que certaine. Une erreur lui eût été reprochée comme une impardonnable bévue. L'existence des taches était indubitable : il les apercevait aussi distinctement que de l'encre sur du papier blanc ; c'était sur leur nature véritable et sur les lois de leur mouvement qu'il croyait devoir suspendre son jugement. Cette prudence permit au Hollandais Fabricius et au jésuite allemand Scheiner de le devancer l'un et l'autre dans la publication de la découverte que Galilée regarde, très à tort, à ce qu'il semble, comme le plus grand secret qui soit dans l'ordre de la nature. Scheiner, sous le nom supposé d'Appelles, publia, en 1611 des lettres adressées à Marc Velser d'Augsbourg, dans lesquelles il signale les taches du soleil ; mais, ne pouvant admettre l'obscurité au sein même de la lumière, il les explique par la supposition inadmissible de planètes qui se projettent sur le disque du soleil en circulant au-dessous de lui. Fabricius, plus hardi, dans un ouvrage publié également en 1611, avait osé affirmer que les taches font partie de la substance du soleil, dont leur déplacement continuel et régulier prouve la rotation sur lui-même. C'est en 1613 seulement que Galilée, sans avoir lu Fabricius et pour rectifier les erreurs de Scheiner, écrivit à Marc Velser trois lettres successives dans lesquelles il fait connaître ses propres observations. Il relève avant tout le singulier raisonnement de Scheiner, qui, dans la pure et inaltérable substance du soleil, ne veut rien admettre de ténébreux. « Sa perfection, dit-il, excluant toute nature changeante, la lumière qui réside en lui comme dans sa source doit subsister dans son intégrité et son éclat, sans jamais souffrir de déclin. » Galilée se borne à prouver que les taches s'engendrent et se dissolvent continuellement comme les nuages au-dessus de nos têtes, et que ceux-ci, si la terre était lumineuse, pourraient arrêter les rayons et produire, pour un observateur éloigné, des apparences à peu près semblables. Fabricius, dans l'ouvrage publié en 1611 à Wittemberg, était arrivé aux mêmes conclusions. Il admet la rotation du soleil, dont le mouvement des taches est la preuve. L'importante découverte lui appartient donc sans contestation possible ; mais Képler l'avait devinée, et Galilée, sans la publier, l'avait faite à la même époque, vraisemblablement même quelques mois plus tôt.

De retour à Florence et sans abandonner l'astronomie, Galilée s'occupa, à la demande du grand-duc, de la question, déjà traitée par Archimède, de l'équilibre des corps flottants. Dans l'ouvrage qu'il publia, la puissance de son génie se montre sous une face nouvelle. S'écartant complètement de la méthode expérimentale, il ne demande plus aux expériences la solidité et la consistance des principes, et c'est au nom d'une loi générale admise *à priori* qu'il démontre et qu'il prévoit au contraire les résultats nécessaires de l'expérience. Cette loi très-heureusement se trouve vraie, et n'est autre que le célèbre principe des vitesses virtuelles. Galilée en avait deviné depuis longtemps l'énoncé et la portée. À Padoue déjà et dans l'arsenal de Venise, en présence de puissantes machines à l'aide desquelles la faiblesse produit les effets de la force, il avait compris que l'on peut transformer, mais non créer la puissance motrice, et qu'aucune invention ne réussit à tromper la nature. Dans un traité, publié pour la première fois en français par le père Mersenne en 1632, il affirme formellement qu'un grand ouvrage exige nécessairement un grand travail, et qu'une petite force, quoi qu'on fasse, ne peut produire que de petits effets. Cette vérité fondamentale est exposée par lui en termes formels. Dans le traité des corps flottants, il invoque le même principe, et l'application ingénieuse qu'il en fait montre toute la géométrie de son esprit. Lagrange, deux cents ans plus tard, devait suivre les mêmes traces. Le principe de son immortel ouvrage sur la mécanique analytique est précisément celui de Galilée, auquel il ajoute de profonds et brillants développements ; mais ces méthodes, en rattachant tous les phénomènes à un principe éloigné, ne donnent, il faut l'avouer, que de vagues clartés sur les causes prochaines et sensibles. Aujourd'hui même que les progrès de la science ont rendu cette règle unique et universelle aussi solide qu'elle est haute et importante par les conséquences, elle ne donne cependant que des explications imparfaites, et démontre la nécessité des résultats sans en faire apercevoir la raison. Galilée a peut-être rencontré ces inconvénients sans s'en rendre un compte bien exact. Il est probable au moins qu'en entrant plus avant dans l'analyse des forces qui sont en jeu et des pressions qu'elles produisent, il aurait enlevé à Toricelli la gloire d'inventer le baromètre. Il raconte, en effet, dans un dialogue publié dix ans plus tard, qu'une pompe aspirante établie chez un de ses amis faisait facilement monter l'eau jusqu'à une certaine hauteur, mais que la colonne, ayant atteint trente-deux pieds, refusait absolument de s'élever plus haut. C'est à l'étude de ce fait, personne ne l'ignore, que l'on doit l'invention du baromètre. Malgré la pénétration de son esprit, Galilée, habitué à éliminer dans l'étude des fluides la considération des forces mises en jeu, a méconnu la véritable cause du phénomène. Il explique l'ascension de l'eau par l'*attraction du vide*, qui tire la colonne de bas en haut, et se trouve, suivant lui, mesurée par sa hauteur, en sorte que, pour différents liquides, les colonnes seraient en raison inverse des densités ; mais il abandonne bientôt ce sujet sans apercevoir la belle découverte à laquelle il a touché de si près.

Les tentatives de Galilée pour expliquer le phénomène des marées sont de la même époque. Il pensait que la rotation de notre globe produit, en agitant les flots de la mer, leur flux et leur reflux éternel, et leurs agitations si réglées ressemblent, suivant lui, aux oscillations de l'eau dans un vase continuellement en mouvement. Cette théorie ne résiste pas à un examen attentif et sérieux. Galilée la comptait cependant au nombre des preuves décisives du mouvement de la terre, et malgré l'habileté qu'il met à la défendre, on doit regretter qu'il lui ait accordé une place dans l'un de ses plus excellents écrits.

Il faut citer enfin, parmi les recherches qui l'occupaient pendant cette période, l'étude des mouvements apparents de la lune. Quoiqu'elle nous présente toujours à peu près la même face, on peut observer, en y regardant de près, des variations et des oscillations importantes. C'est le phénomène de la *libration*, étudié depuis avec tant de soin et de succès par Hévelius et par Cassini ; mais Galilée, qui l'a signalé le premier, en a méconnu la portée et la véritable nature. Le phénomène se réduit, suivant lui, à ce que les astronomes nomment un *effet de parallaxe*, et il est dû à notre position variable par rapport au centre de la terre. Suivant cette explication, la ligne droite qui joint le centre de la terre à celui de la lune perce toujours la surface de la lune au même point, en sorte que, pour un observateur placé au centre de la terre, il n'y aurait aucune oscillation apparente. Lorsque la lune est au zénith, nous la voyons précisément comme cet observateur fictif ; dans tout autre cas, elle se montre dans une direction différente, et ne tourne pas vers nous la même portion de sa surface. C'est là une explication réelle, mais insuffisante, et les travaux de Galilée n'en font pas apercevoir d'autre.

Partisan zélé de la doctrine de Copernic, Galilée la propageait incessamment par ses conversations et par sa correspondance. Les copies de ses lettres avaient circulé dans l'Italie entière et soulevé de puissants contradicteurs. « L'Écriture, disait-il, est toujours véritable, elle a toute autorité sur les questions de foi ; mais sa profondeur mystérieuse est souvent impénétrable à notre faible esprit, et l'on a grand tort d'y chercher des leçons de physique, qui n'y sont pas, ou qu'on ne peut comprendre. Si la vérité se trouve dans les livres sacrés, elle n'y est pas claire pour tous, et il faut se servir, pour l'y apercevoir, de l'intelligence et de la raison que Dieu nous a données. L'Esprit-Saint les a dictés, et il est très-vrai qu'il ne trompe jamais ; mais lorsque nous interrogeons la nature, c'est lui aussi qui nous répond et nous enseigne. — Pourquoi d'ailleurs, disait encore Galilée à ses adversaires, refuser la discussion des faits ? Si vous êtes les plus forts et les mieux fondés sur ces matières, quels avantages n'aurez-vous pas quand nous les étudierons ensemble ! Les ouvrages de Dieu ne se démentent pas les uns les autres, les contrariétés ne sont qu'apparentes ; il faut les concilier, car la science ne peut être un affaiblissement de la foi. »

Galilée lui-même prêche d'exemple ; certain d'être victorieux, il suit ses adversaires sur le terrain où ils s'enferment, et résout toutes leurs objections. Le miracle même de Josué ne l'étonne pas, et il trouve moyen de le tourner à son avantage. « Le soleil, en s'arrêtant, aurait, dit-il, suivant le principe que l'on oppose, diminué et non augmenté la durée du jour. Quel est en effet le mouvement du soleil ? C'est son déplacement annuel dans l'écliptique. La révolution qui fait succéder la nuit au jour est celle de la sphère étoilée qui entraîne, il est vrai, le soleil, mais ne lui appartient pas en propre. Arrêter le soleil, c'est donc l'empêcher de rétrograder dans l'écliptique sans suspendre pour cela son mouvement diurne, et, en obéissant à l'ordre de Josué, il aurait éclairé pendant quelques minutes de moins l'extermination des Amorrhéens. Il est écrit d'ailleurs que Josué arrêta le soleil au milieu du ciel ; que doit-on entendre par là ? Qu'il était au méridien ? La quantité des travaux accomplis ne permet pas de le croire ; on approchait de la nuit, le soleil était près de l'horizon. Si l'Écriture le place au milieu du monde, c'est pour confirmer le système de Copernic, dont elle nous donne ainsi une preuve nouvelle. » Tout cela est dit avec le sérieux que la prudence commande ; lorsque l'ironie apparaît, elle s'adresse aux contradicteurs, jamais aux écrits sacrés, et l'on n'y trouve à aucun degré l'accent qu'en souvenir de Voltaire nous sommes involontairement tentés d'y mettre. Galilée, sa correspondance le fait assez paraître, tenait peu pour sa part à la lettre de l'Écriture ; mais, sans songer nullement à railler, il ne veut qu'acquérir le droit de propager librement sa doctrine.

Les théologiens cependant, loin de l'approuver, le poursuivaient du haut de leurs chaires d'une haine violente et aveugle. Un capucin, prêchant dans l'église de Sainte-Marie-Nouvelle à Florence, prit pour texte ces paroles de l'Évangile : *Viri galilæi, quid statis adspicientes in cœlum ?* Et, tonnant contre les curiosités vaines et superflues et les subtiles inventions des mathématiciens, il s'éleva avec raillerie contre l'orgueilleuse confiance qu'elles nourrissent. Quoique le chef de l'Ordre lui fît des excuses pour cette insulte publique et se déclarât honteux d'avoir à répondre de toutes les sottises écloses dans le cerveau de trente ou quarante mille moines, Galilée n'était pas tranquille ; tout ce bruit présageait la tempête. Il croyait à une ligue organisée par des ennemis invisibles pour le décrier et lui nuire ; dans l'espoir de connaître leurs forces et de pénétrer leurs machinations, pour en déjouer les trames secrètes, il se rendit à Rome une seconde fois.

Les sentiments des princes de l'Église étaient loin de lui être favorables. La doctrine du mouvement de la terre, agitée dans les sacrés conseils, fut réprouvée solennellement et condamnée sans appel. Après avoir affermi ses convictions par le consentement unanime des théologiens les plus célèbres, Paul V décida, avec son autorité souveraine et infaillible, que l'opinion qui place le soleil au centre du monde est une erreur et une impiété. Soutenir que la terre n'est pas placée au centre du monde et qu'elle n'est pas immobile est aussi, suivant lui, une opinion fausse en elle-même et au moins erronée dans la foi. Une décision aussi formelle imposait silence aux contradicteurs ; il n'était plus permis de douter, bien moins encore de discuter et d'examiner une erreur devenue sacrée et inviolable. Galilée cependant, considérant la vérité comme la cause commune de tous les honnêtes gens, essaya de faire rapporter une sentence aussi absurde que tranchante. L'ambassadeur de Toscane, Guicciardini, engageait prudemment le grand-duc à tempérer un zèle inutile et à hâter le départ de l'ardent astronome. « Le pape, disait-il, est notoirement ennemi de la pensée comme de la science ; on lui fait sa cour en se montrant ignorant, et le moment est mal choisi pour proclamer une idée philosophique. » Mais Galilée ne voulait rien entendre. Sans choisir ses adversaires et sans les craindre, il faisait dans les conversations et dans les cercles nombreux une propagande incessante et parfois efficace. Tout en réfutant avec patience les objections les plus ridicules, il regrettait, pour l'honneur de l'esprit humain, d'avoir à répondre sérieusement à toutes les extravagances qui parvenaient à ses oreilles. « Les animaux, lui disait-on gravement, ont des membres et des articulations pour se mouvoir ; la terre, qui n'en a pas, ne peut se mouvoir comme eux. À chaque planète, on le sait, est attaché un ange spécialement chargé de la conduire ; mais pour la terre, où pourrait habiter son conducteur ? À la surface ? On le verrait bien. Au centre ? C'est la demeure des démons. La course fatigue les animaux ; si la terre se déplaçait du rapide mouvement que l'on suppose, elle serait depuis longtemps fatiguée d'un si grand effort, et se reposerait, »

En écoutant ces objections incroyables et insensées, Galilée ne se contraignait pas toujours de rire et de faire rire aux dépens de ceux qui osaient les produire. Sa manière de discuter était des plus brillantes. Abondant dans le sens de ses adversaires, il les laissait exposer et développer leurs idées avec pleine confiance, en attendant, pour donner cours à ses arguments et à ses railleries, qu'ils lui eussent fourni une proie abondante. Il se faisait ainsi de puissants ennemis ; le grand-duc, plein d'affection et de sollicitude pour lui, lui fit écrire par son secrétaire : « Son Altesse pense qu'en restant plus longtemps à Rome vous pourriez y trouver de graves dégoûts ; puisque vous êtes sorti de votre affaire avec honneur, il vous conseille de revenir à Florence le plus tôt possible, sans réveiller le chat qui dort. » En suivant ce sage conseil, Galilée se fit donner par le célèbre Bellarmin une attestation qui le déchargeait de toute responsabilité dans les questions agitées et souverainement résolues.

C'est peu de temps après son retour à Florence qu'il envoya au prince Cesi un microscope. La lettre d'envoi et celle qu'il reçut en réponse sont les seules traces de cette invention, que cependant on ne lui conteste pas. Toujours attentif aux événements du ciel, l'apparition simultanée de trois comètes ne pouvait manquer de le préoccuper. Très souffrant à cette époque et obligé de ménager ses forces, il ne put les observer régulièrement ; mais ses amis, qui le tinrent minutieusement au courant de leurs apparences, recueillirent avec soin ses idées sur la nature du mystérieux phénomène. Le résumé de ces conversations, publié par Mario Guiducci, donna lieu à une polémique devenue célèbre. Des jésuites du collège romain, se trouvant implicitement attaqués par Guiducci, répondirent dans un long pamphlet, intitulé *la Bilancetta*, publié, sous le pseudonyme de Fossario Sarsi, et qui leur attira la vigoureuse réplique intitulée par Galilée *il Saggiatore*. *Il Saggiatore* contient des remarques d'un grand sens sur la physique et sur la méthode expérimentale. Les Italiens le considèrent en outre comme un modèle de bonne plaisanterie. C'est un ouvrage classique, et malgré la sécheresse du sujet, de bons juges n'ont pas craint de le placer à côté des chefs-d'œuvre de Pascal et de Molière. Il me faudrait, pour les contredire, une connaissance plus profonde de la langue italienne. Je dois dire cependant qu'à une première lecture le *Saggiatore* paraît un peu long. Galilée, qui veut tout dire, manque souvent de vivacité et de précision, il balance trop longtemps le trait avant de le lancer ; loin de resserrer sa pensée, il l'étend, la développe et refroidit ses plaisanteries en les prolongeant. Citons un exemple : Guiducci a fait remarquer que certaines étoiles invisibles à l'œil s'aperçoivent très-nettement dans la lunette, et pour celles-là, dit-il, l'accroissement de dimension est infini. L'auteur de la *Bilancetta* critique ce langage. D'après les principes de Galilée, l'accroissement, dit-il, est le même pour tous les astres. Il doit donc être infini dans tous les cas, et l'extravagance manifeste de cette conclusion lui assure un triomphe facile. Galilée lui répond : « Lorsque Guiducci a parlé d'un accroissement infini, il n'a pas supposé qu'un lecteur pût se trouver assez pointilleux pour prendre l'expression à la lettre et l'attaquer là-dessus. Personne n'est étonné de cette façon de parler ni ne la trouve obscure, et l'on dit à chaque instant infini au lieu de très-grand. Mais, je vous prie, seigneur Sarsi, si le sage se levait pour vous dire : Le nombre des sots est infini, que lui répondriez-vous ? » Le trait est plus vif que délicat, et, même à un jésuite, Pascal eût peut-être hésité à le lancer. On peut affirmer au moins qu'il s'en serait tenu là, sans ajouter, comme Galilée, que, la terre étant limitée, le nombre de ses habitants l'est nécessairement et par conséquent aussi celui des sots, quelque grande que l'on en veuille supposer la proportion.

Au moment où le *Saggiatore* était livré au public, le cardinal Barberini venait d'être appelé au trône pontifical sous le nom d'Urbain VIII. Il connaissait et aimait depuis longtemps Galilée, qui s'empressa de lui dédier son ouvrage et se rendit à Rome pour le féliciter de son avènement. Il obtint plusieurs audiences intimes dans lesquelles il fut très-content du saint-père et le saint-père de lui. Son crédit et sa faveur furent remarqués et enviés. Urbain VIII lui fit force caresses, accorda une pension à son fils Vincent, en y joignant pour lui-même un grand nombre d'*agnus Dei*. Leurs entretiens roulèrent sur le mouvement de la terre ; le saint-père daigna lui démontrer ses erreurs. Tout en gardant une attitude soumise et respectueuse, Galilée opposa ses raisonnements des objections modestes dont Urbain VIII ne parut nullement blessé ; le déclarant au contraire aussi savant que pieux, il lui conserva son affection et son estime. Lors de son départ, il écrivit au grand-duc : « C'est avec une affection paternelle que nous avons reçu notre cher fils Galilée. Sa gloire brille dans le ciel et sa réputation remplit la terre ; au mérite des lettres il réunit le zèle d'une piété sincère. L'abondance de nos vœux l'accompagne dans sa patrie, où, rappelé par vous, il retourne aujourd'hui. »

Sans se préoccuper des empêchements et des dangers, Galilée, toujours pressé du même zèle pour le véritable système du monde, travaillait sans relâche à l'éclaircir et à le prouver ; d'irrésistibles arguments fermentaient dans sa pensée, et il souffrait impatiemment la loi du silence imposée par Paul V. Rassuré par l'amitié d'Urbain VIII, il osa pour la première fois, dans un ouvrage imprimé, traiter ces dangereuses questions, et publia ses dialogues sur le système de Copernic et de Ptolémée. La malicieuse finesse de sa préface est extrêmement habile, et l'on s'explique qu'elle ait pu tromper la prudence de censeurs inattentifs ou inintelligents qui approuvèrent le livre au nom de la cour de Rome. « On a, dit-il, promulgué à Rome, il y a quelques années, un édit salutaire, qui, pour obvier au scandale dangereux de notre siècle, a imposé silence aux partisans de l'opinion pythagoricienne du mouvement de la terre. Plusieurs personnes ont témérairement avancé que le décret est le résultat d'une passion mal informée et non d'un examen judicieux. On a prétendu que des théologiens ignorants des observations astronomiques ne devaient pas couper les ailes aux esprits spéculatifs. De telles plaintes ont excité mon zèle ; pleinement instruit de cette prudente détermination, je veux rendre témoignage à la vérité. Lorsque la décision fut prise, j'étais à Rome, où je fus applaudi par les plus éminents prélats. Le décret ne parut pas sans que j'en fusse informé. Mon dessein, dans cet ouvrage, est de montrer aux nations étrangères que sur cette matière on en sait, en Italie, autant qu'il est possible d'en imaginer ailleurs. En réunissant mes spéculations sur le système de Copernic, je veux faire savoir qu'elles étaient toutes connues avant la condamnation et que l'on doit à cette contrée non-seulement des dogmes pour le salut de l'âme, mais encore des découvertes ingénieuses pour les délices de l'esprit. »

Quoique les dialogues de Galilée soient composés avec un grand art et que l'on y retrouve à chaque page la netteté tout ensemble et la grâce de son esprit, les progrès des lumières et de la raison en ont rendu, il faut l'avouer, la lecture un peu difficile et fatigante : Galilée n'omet rien et se complaît à tout dire, La cause est gagnée depuis trop longtemps pour qu'un si long plaidoyer puisse intéresser encore, et souvent le lecteur trouve que pour appuyer autant il faut compter bien peu sur son intelligence. Les longueurs sont excusées, il est vrai, par le cadre même du livre ; Galilée donne à ses dialogues le mouvement et la vie d'une conversation piquante et variée. Les demandes et les réflexions du péripatéticien Simplicio justifient les deux interlocuteurs

Sagredo et Salviati, dont l'inaltérable patience accumule d'aussi minutieux détails. Mêlant les comparaisons les plus familières aux arguments les plus nets et à des raisons invincibles, redressant leurs vues ou les confirmant mutuellement, ils se mettent judicieusement d'accord sur toutes les questions débattues. De temps en temps ils se réunissent pour presser Simplicio avec une force irrésistible. Ils l'accablent gaiement et le poussent à bout, mais ne le convainquent pas. Lorsque enfin leur adversaire, immolé à la risée du lecteur, semble n'avoir plus aucun refuge, les deux philosophes n'osent cependant pas conclure. Le niais Simplicio, obstiné jusqu'au bout à fermer les yeux, admire plus que jamais Aristote et croit toujours la terre immobile. L'ouvrage finit comme il a commencé, par une acte de prudence. Et en réponse au dernier argument de Salviati : « Vos raisonnements, dit Simplicio, sont les plus ingénieux du monde, mais je ne les crois ni vrais ni concluants. » Et songeant à une réflexion qu'il trouve très-sage, faite autrefois devant lui par une personne éminente devant laquelle il faut s'incliner : « Nous n'observons, dit-il, que des apparences : de quel droit prétendez-vous limiter la puissance de Dieu en assignant les voies par lesquelles il lui a plu de les produire ? — Vous avez raison, répondent les deux autres, admirons ensemble la sagesse infinie qui a tout créé, et n'essayons pas d'en pénétrer les abîmes. »

C'est sur cette prudente réflexion que les trois amis se séparent, et l'auteur lui-même, sans rien assurer ni rien nier, remet, comme il a eu le soin de le dire, la décision à de plus habiles. Toutefois un tel ménagement ne pouvait désarmer ses adversaires. Ces déguisements ne peuvent cacher un mépris manifeste pour la théorie de Ptolémée, et l'ironie perce à chaque page du livre. Il y avait d'ailleurs témérité évidente à agiter des questions déjà jugées, et insolence inouïe chez un laïque à reproduire des objections tranchées depuis longtemps avec une autorité infaillible. L'exposition détaillée et complaisante d'une doctrine frappée déjà par les foudres de Rome était un désordre qui nourrissait l'esprit d'indépendance. Les ennemis de Galilée firent retentir l'Italie de leurs murmures et de leurs accusations ; théologiens et péripatéticiens s'élevaient à l'envi contre lui. Les premiers, appuyés sur la parole de Dieu, méprisaient les difficultés fondées sur le simple raisonnement, et l'accablaient avec un zèle amer sous les foudres de l'Écriture. Il a été dit par exemple : Le ciel est en haut et la terre en bas. — Si la terre tournait dans un cercle qui embrasse Mercure, Vénus et le soleil, serait-elle réellement située en bas ? — Lorsque Josué a défendu au soleil de se mouvoir vers Gabaon, Dieu, obéissant à sa voix, l'a arrêté au milieu du ciel ; on ne peut ni l'ignorer ni l'oublier. — C'est donc le soleil qui se meut ; arrête-t-on ce qui est immobile ? Quand l'ombre rétrograda sur le cadran d'Achias, le soleil remonta de dix degrés ; suivant les partisans de Copernic, la terre a rétrogradé et non le soleil ; l'embarras d'une telle interprétation est manifeste. Isaïe, inspiré de Dieu, était pénétré de la sagesse à laquelle rien n'est caché ; il savait la vérité. Que lui eût-il coûté de la dire nettement ? Tous ces arguments, mêlés d'invectives et d'outrages, étaient puisés dans le livre dont *il faut observer et croire les paroles sous peine d'être maudit*. Imprimés de plus avec approbation de la cour de Rome, dont l'examinateur, qui les avait lus avec beaucoup d'attention et de plaisir, les déclarait solides et bien appuyés sur l'Écriture, ils paraissaient d'ailleurs sous la protection personnelle d'Urbain VIII. On voit en effet, sur le frontispice de l'ouvrage qui les résume, les trois abeilles des Barberini appuyer avec force leurs antennes sur le globe de la terre, et on lit au-dessus : *His fixa quiescit* (fixé par elles, il repose).

Galilée ne répondit rien. Il fut plus hardi vis-à-vis des péripatéticiens, qui lui opposaient l'autorité d'Aristote. La réfutation était facile, et leur ignorance, égale à leur emportement, semblait plus digne de mépris que d'une réponse sérieuse. On peut en juger par les annotations équitables, quoique un peu vives, écrites de sa main en marge du traité du péripatéticien Rocco : *O elefante*, dit-il en s'adressant à l'auteur ; puis il le nomme successivement *pezzo di bue, animalaccio, ignorantissimo, castrone, meschino, capo grosso, animale, balordone, ignorantissimo bue, capo durissimo, grandissimo bue, sopra gli ignoranti ignorantissimo, arcibue, bue,* tout cela pour lui-même bien entendu, et écrit à la main en marge de son exemplaire. Un tel livre serait tombé de lui-même ; Galilée prit cependant la peine de le combattre ; un peu ironique, mais courtois, il nomma cette fois l'auteur *mio dolce* et *mio bello*, et, s'il se laisse aller à montrer toute sa pensée, il en atténue l'expression. « Dieu veuille, dit-il, que l'obstination soit la seule cause de vos erreurs ! On en peut guérir, tandis que la stupidité et la faiblesse sont incurables. »

Tout cela n'était pas fait pour calmer les oppositions furieuses soulevées de tous côtés par la publication de ses *Dialogues*, Menacé par tant d'ennemis, Galilée avait pour refuge la protection du saint-père, dont la molle condescendance faisait murmurer tous les cardinaux. Se fiant par malheur sans réserve à son amitié, il prenait peu de soin de la ménager. Sa piquante raillerie suivait ses adversaires sur toutes les voies où ils s'égaraient, et, passant en revue toutes leurs mauvaises raisons sans en dédaigner aucune, il n'avait eu garde d'oublier celles que le pape lui avait opposées lors de son voyage à Rome. Les traits dirigés avec tant d'art contre le niais Simplicio tombaient donc en partie sur l'amour-propre chatouilleux du saint-père. Urbain VIII se crut méprisé ; sa colère, irritée contre tant d'irrévérence, lui fit oublier, qu'inaccessible aux injures, il devait les remettre et les pardonner. Personne ne le lui rappela, et, lâchant la bride à la fureur des ennemis de Galilée, il le poussa vers l'abîme.

*

Galilée fut mandé à Rome ; en vain le grand-duc fit-il représenter au saint-père que le livre dont on venait blâmer et inquiéter tout à coup l'auteur était publié depuis deux ans avec l'approbation expresse des censeurs romains, qui avaient corrigé le texte en divers endroits et exigé la suppression de plusieurs passages. À Florence en outre, un nouvel examen ecclésiastique avait précédé l'impression, qui offrait ainsi toute garantie. Galilée semblait donc devoir être hors d'atteinte ; il proposait d'ailleurs de rendre compte de sa conduite et de ses écrits devant un envoyé du saint-siège, soumettant avec humilité au jugement de ses supérieurs tout ce qu'il avait dit, écrit ou enseigné, et renonçant à toute erreur dont il se serait rendu coupable, comme à toute opinion reconnuc dangereuse ou suspecte. Les médecins alléguaient enfin sa santé languissante et presque désespérée. À l'âge de soixante-dix ans, dans son état de souffrance et de faiblesse, il ne pouvait entreprendre sans danger le voyage de Rome. Urbain VIII fut inexorable ; Galilée dut partir au cœur de l'hiver. Une maladie contagieuse qui régnait alors en Toscane l'obligea à une quarantaine de vingt jours : il arriva le 19 février à Rome. Affectueusement reçu chez l'ambassadeur de Toscane, il y resta jusqu'au mois d'avril. Entouré de soins assidus, il était là parfaitement libre ; mais il jugeait prudent de ne pas sortir, et plusieurs cardinaux dont il recevait les visites officieuses le confirmèrent dans cette idée. Il avait hâte d'en finir, et pressait ses amis de faire terminer son affaire : il reçut l'ordre de se rendre dans le palais de l'inquisition, où il resta dix-neuf jours, fort bien traité d'ailleurs, logé dans le propre appartement du fiscal, libre d'aller et de venir dans ce vaste palais, et faisant bonne chère, grâce à la courtoisie de l'ambassadeur, qui chaque jour lui envoyait ses repas. On le renvoya bientôt à l'ambassade en lui défendant, sous peine d'excommunication, de rien révéler sur les interrogatoires. Sa santé était d'ailleurs fort bonne, meilleure même qu'auparavant. Pendant sept semaines il n'entendit plus parler du saint-office ; l'ambassadeur pressait le pape et les cardinaux, qui promettaient une solution prochaine. Trois jours avant la conclusion du procès, cet ambassadeur rend compte au grand-duc d'une importante entrevue qu'il vient d'avoir avec Urbain VIII. « J'ai de nouveau, dit-il, sollicité l'expédition de la cause de Galilée. Sa Sainteté m'a appris que, dans le cours de la semaine prochaine, il sera mandé un matin au saint-office pour y entendre prononcer la décision ou la sentence. Sur cela je suppliai Sa Sainteté de vouloir bien, en considération de Son Altesse Sérénissime, notre souverain, mitiger la rigueur dont la sainte congrégation aurait cru devoir user dans cette affaire, pour laquelle Son Altesse avait déjà reçu d'elle tant de faveurs, dont elle lui témoignait personnellement sa reconnaissance, » Le pape répondit que l'on avait accordé toutes les facilités possibles. « Quant à la cause, ajoutait-il, on ne peut faire moins que de prohiber cette opinion, parce qu'elle est erronée et contraire aux saintes Écritures, qui ont été dictées par la bouche de Dieu même, *ex ore Dei.* »

Le lundi 20 juin, Galilée fut mandé au saint-office et s'y rendit le lendemain matin seulement ; on le retint, et le mercredi 22, on le mena à l'église de la Minerve, par-devant les cardinaux et les prélats de la congrégation, pour lui lire la sentence et lui faire abjurer son opinion. La sentence porte la prohibition de son livre et sa propre condamnation à la prison du saint-office pendant un temps limité par le bon plaisir de Sa Sainteté. Il lui fallut en outre prononcer l'abjuration qu'on lui dicta. — « Moi, Galilée, dit-il à haute voix, dans la soixante-dixième année de mon âge, à genoux devant vos Éminences, ayant devant mes yeux les saints Évangiles, que je touche de mes propres mains, j'abjure, je maudis et je déteste l'erreur et l'hérésie du mouvement de la terre. » On prétend qu'après avoir prononcé ces paroles, Galilée, poussé à bout, frappa la terre du pied en laissant éclater son impatience et son mépris dans une exclamation devenue célèbre : *E pur si muove.* Il le pensa sans aucun doute, mais il n'ignorait pas qu'il y a le temps de se taire et le temps de parler. Tant de franchise l'eût exposé à de grands périls, et le caractère de Galilée permet difficilement de croire à un tel élan. On ne trouve en lui ni cette noble vigueur que les épreuves fortifient, ni la généreuse ardeur que la menace excite et soutient. La crainte au contraire abattait les forces de son âme : il redoutait le martyre, le jugeait fort inutile à affronter, et ne s'en cachait pas. C'est la pensée qui devant le tribunal a dirigé toute sa conduite.

Humblement soumis en paroles, il avait affecté et promis en toute occasion une parfaite obéissance, et aucun de ses interrogatoires n'accuse le moindre dessein de résistance. Après avoir satisfait à l'*examen rigoureux* de ses juges, il n'y a nulle apparence que, par une dernière parole de raillerie, il ait osé les braver. Plusieurs biographes ont affirmé que ce rigoureux examen du saint-office n'était autre chose que la torture, et qu'on exerça sur Galilée les dernières rigueurs : cette supposition n'a pas de fondements sérieux. Tout prouve au contraire que les tortures morales sont les seules dont il ait souffert, et en interdisant sévèrement le compte rendu du procès on a voulu, comme l'a supposé avec beaucoup de vraisemblance M. Trouessard, cacher non la sévérité, mais l'indulgence. Le saint-office, qui avait pour mission de maîtriser les esprits par la crainte, ne pouvait renoncer à sa réputation d'inexorable rigueur. Si l'amitié vigilante du grand-duc de Toscane obtint que Galilée fût traité avec douceur, il était utile de laisser croire le contraire. Lorsque d'ailleurs, conformément aux habitudes qu'*il fallait bien suivre*, comme l'a dit récemment, M. le préfet des archives secrètes du saint-siége, Galilée fut menacé de la torture s'il ne disait pas la vérité : « Je ne tiens pas, répondit-il avec terreur, je n'ai pas tenu à cette opinion de Copernic depuis que l'on m'a signifié l'ordre de l'abandonner, au surplus, je suis dans vos mains ; faites de moi ce que vous voudrez : je suis ici pour vous faire ma soumission, je n'ai pas tenu à cette opinion depuis qu'elle a été condamnée. » Pourquoi aurait-on usé de violence envers celui qui, protestant contre toute idée de rébellion, se déclarait très-haut l'enfant soumis et obéissant de l'Église et fléchissait avec résignation devant le tribunal dont il n'implorait que la clémence ? Malgré ces raisons décisives, je me sens troublé, je l'avoue, par un souvenir déjà ancien. Très-jeune encore, je me trouvais à Rome avec l'aimable et savant M. Ampère. Plein de confiance alors dans le raisonnement, il m'arrivait souvent de lui démontrer que certaines choses devaient être ou avaient dû être de telle manière et non autrement ; mais lui, par une seule phrase, renversait toute ma dialectique. « *Vous oubliez*, me disait-il, que *nous ne sommes pas dans le pays de la logique.* » Vérification faite, il avait souvent raison, et comme ma confiance dans les démonstrations renaissait sans cesse, sa maxime devint bientôt entre nous d'un usage assez commun pour être réduite sans inconvénient à un seul mot, prononcé sur le ton de l'avertissement : — *La logique !*

Laissons donc de côté les raisonnements et ne nous piquons pas d'invoquer la logique, qui ne peut rien prouver lorsqu'il s'agit de Rome. Répétons seulement qu'aucun document positif ou même vraisemblable ne nous oblige à croire qu'on ait torturé Galilée. L'abjuration honteuse qu'on lui imposa fut son seul martyre ; c'est le sentiment commun de tous ceux qui ont étudié et discuté les faits avec impartialité. La sentence ne fut pas exécutée dans sa dernière rigueur : Urbain VIII ne poussa pas la vengeance jusqu'à cette cruauté ; le soleil s'était couché bien des fois sur sa colère. En voyant Galilée abattu et humilié, il se souvint qu'il avait été son ami, et il eut pitié de ses angoisses ; au lieu d'une prison, il lui assigna pour résidence le palais de Piccolomini, archevêque de Sienne. Galilée resta cinq mois à Sienne. Vers les premiers jours de décembre, l'ambassadeur de Toscane, toujours ardent à le servir, obtint pour lui la permission de résider à sa maison de campagne d'Arcetri, près de Florence, sous la seule condition d'y recevoir peu de monde et de n'y pas tenir d'assemblée académique. Aidé et animé cependant dans sa retraite par l'amitié persévérante du grand-duc et de son digne frère Léopold, entouré sans cesse de disciples studieux et dévoués, il reprit pour les perfectionner les grandes idées auxquelles l'avaient préparé les méditations de toute sa vie. Il avait depuis longtemps formé le projet d'utiliser l'observation des satellites de Jupiter pour la détermination des longitudes en mer. Tel était le but de tant d'études assidues et scrupuleuses qui lui révélaient enfin, il le croyait du moins, la loi de leur inconstance et de leurs irrégularités, en lui permettant de prédire leurs fréquentes éclipses au moyen des lois immuables qui règlent leurs mouvements. Il espérait, à l'aide de ces quatre petits corps, indiquer avec la dernière précision le moment d'une observation. Le roi d'Espagne et les états de Hollande avaient accueilli successivement ses propositions, et jusque dans l'extrémité de la vieillesse, il s'occupa sans relâche d'apporter les améliorations suggérées par l'expérience des navigateurs les plus habiles et les plus pénétrants.

La détermination de l'heure exacte du lieu de l'observation étant un des éléments essentiels de la méthode, il fallait perfectionner l'horlogerie, encore très-imparfaite : Galilée reprit donc les observations sur le pendule, et décrivit avec précision le mécanisme propre à entretenir le mouvement en le transmettant aux aiguilles sans en altérer l'uniformité, La question, longtemps discutée, est aujourd'hui complètement éclaircie, et l'on peut voir à Paris, au Conservatoire des Arts et Métiers, une horloge construite d'après les indications données par Galilée à Viviani, et publiées par lui plusieurs années avant les travaux d'Huyghens sur le même sujet. Galilée se croyait toujours à la veille de résoudre définitivement et pratiquement le célèbre et important problème des longitudes : il s'en occupa sans relâche, et avec une confiance persévérante, jusqu'au jour où la perte de sa vue, arrêtant douloureusement ses efforts, lui enleva à la fois toutes ses espérances et le fruit de tant de travaux.

Tout en poursuivant la solution du problème des longitudes, Galilée avait repris avec ardeur, comme un souvenir embelli de sa jeunesse, les travaux sur la pesanteur, qui à Pise, cinquante ans auparavant, avaient excité l'admiration de ses disciples. Il rédigea cinq *Dialogues* sur *deux sciences nouvelles*, publiés pour la première fois à Leyde en 1638, trois ans avant sa mort. Le livre tient ce que promet le titre. Les deux premiers dialogues, relatifs à la résistance des matériaux, n'ont pas, il est vrai, toute la rigueur à laquelle ils semblent prétendre : plusieurs des résultats s'éloignent de la vérité, et l'expérience le lui aurait facilement démontré ; mais, dans les derniers dialogues, le raisonnement seul est invoqué, et le créateur de la physique expérimentale se montre un théoricien hardi et novateur. Les erreurs, inévitables dans de telles questions abordées pour la première fois, n'amoindrissent pas la grande importance de l'ensemble. Galilée a vu le premier que ces phénomènes si complexes sont soumis à des lois certaines et précises ; il a ouvert et montré la voie, et c'est en suivant ses principes que l'on est parvenu à le corriger.

Le troisième et le quatrième dialogue sont relatifs au mouvement des corps pesants. Galilée y pose les véritables fondements de la science du mouvement, et des juges illustres les ont considérés comme son œuvre capitale. Dans le dialogue sur le *mouvement* comme dans l'étude de la *résistance des matériaux* et dans le traité sur l'*équilibre des corps flottants*, l'expérience est rarement invoquée. Quoique dans l'esprit de Galilée elle domine tout et doive prononcer en dernier ressort, la théorie tout entière est construite sans elle. « Les lois de la nature sont, dit-il, les plus simples qu'il se puisse ; il n'est pas possible de nager mieux que les poissons ou de voler mieux que les oiseaux. Élevons donc notre pensée jusqu'à la règle la plus parfaite et la plus simple : nous formerons la plus vraisemblable des hypothèses. Suivons-en curieusement les conséquences ; que les mathématiques les transforment sans scrupule en théorèmes élégants : nous ne risquons rien. La géométrie a étudié déjà bien des courbes inconnues à la nature, et dont les propriétés ne sont pas moins admirables : c'est à elle seule aussi qu'appartiendront nos résultats, si l'expérience ne les confirme pas. » Cette bonne foi envers soi-même, qui subordonne tout à l'expérience, est le trait distinctif de la méthode de Galilée. Mais pourquoi, dira-t-on, suivre laborieusement les doctrines d'un principe encore douteux ? La véritable philosophie naturelle ne demanderait-elle pas au contraire qu'on le vérifiât tout d'abord par l'étude directe de la nature ? — Galilée a répondu, nous venons de le dire, à cette objection qu'il prévoit en réclamant pour le physicien les droits accordés au géomètre de s'exercer sur les créations de son esprit, sans exiger que la nature les lui présente elle-même. Cette réponse excuse sa méthode sans en faire comprendre toute la portée. La vérification directe d'un principe est, il faut le remarquer, presque toujours inaccessible à l'observation comme à l'expérience. Comment vérifier par exemple que la vitesse d'un corps pesant est proportionnelle au temps de la chute ? Où prendre pour la mesurer à chaque instant cette abstraction que nous nommons vitesse, et qui n'a de réalité que dans la pensée ? Il faut nécessairement transformer le principe, et dans la longue suite de ses conséquences en trouver enfin qui soient accessibles à l'observation. Quand Galilée a montré que cette loi de vitesse posée *à priori* exige que les espaces parcourus soient proportionnels au carré du temps, et que la même loi doit s'étendre à la chute sur un plan incliné, il lui reste à constater qu'un trajet quatre fois plus long est accompli en un temps double, et les raisonnements ont transformé en épreuve décisive une expérience qui, faite *à priori*, n'aurait fourni au contraire qu'un fait curieux, mais sans portée. Il en est de même du mouvement parabolique : un projectile dans l'air ne laisse pas de trace, et la détermination graphique de la courbe qu'il décrit serait difficile. Galilée ne s'en préoccupe nullement : ses raisonnements, fondés sur des principes qui lui semblent plausibles, mais qu'il sait douteux, le conduisent à trouver que la trajectoire est parabolique et révèlent en même temps les lois précises suivant lesquelles elle est parcourue. Ces lois une fois posées, il en résulte de nombreuses conséquences, parmi lesquelles on en trouve certaines dont la vérification facile sert de démonstration tout aussi rigoureuse que l'impraticable relevé direct de la trajectoire. Juger les principes par la vérification expérimentale des conséquences les plus éloignées, telle est, on le voit, la méthode constante de Galilée et le fondement solide de la science moderne.

Parmi les jeunes gens qui, admis dans son intime familiarité, aidaient aux derniers travaux de Galilée en s'efforçant de lui tenir lieu des yeux qui lui manquaient, Viviani se distingue surtout par sa vive tendresse pour l'illustre vieillard. Il se glorifia toute sa vie d'avoir été le dernier disciple d'un si grand maître, et Galilée, de son côté, rendant à la fois témoignage à son aimable caractère et à la distinction de son esprit, écrivait à un ami que les soins donnés à un tel élève étaient pour lui un plaisir sans fatigue. Une intimité de quatre années donne une grande valeur aux documents qu'il a été soigneux de recueillir et qu'il nous a transmis. « Galilée, dit-il, avait l'air enjoué, surtout dans sa vieillesse ; d'une complexion naturellement très-forte, il s'était affaibli par les travaux de l'esprit et les fatigues du corps. La jouissance du grand air lui semblait le meilleur allégement des passions de l'âme et le meilleur préservatif de la santé. Aussi, depuis son retour de Padoue, il habita presque toujours loin des bruits de Florence. La ville lui paraissait en quelque sorte la prison des esprits spéculatifs, et il regardait la campagne, au contraire, comme le livre de la nature toujours ouvert à ceux qui aiment à le lire et à l'étudier ; aussi avait-il peu de livres, mais seulement les plus excellents. Son goût pour la solitude et le calme de la campagne ne l'empêchait pas de goûter le commerce de ses amis. Il aimait à se trouver à table avec eux et appréciait particulièrement l'excellence et la variété des vins de tous pays, dont il avait toujours une provision venant de la cave même du grand-duc. C'était lui-même qui taillait et liait les vignes avec un soin et une adresse plus qu'ordinaires ; il se plaisait à l'agriculture et y voyait à la fois un passe-temps et une occasion de philosopher sur la végétation et la nutrition des plantes et autres merveilles de la création. Ennemi de l'avarice, il dépensait largement pour faire des expériences, soulager des malheureux, recevoir et honorer les étrangers et venir en aide à ceux qui excellaient dans un art ou une profession quelconque Il les gardait dans sa propre maison jusqu'à ce qu'il eût assuré leur existence.

J'y ai vu un grand nombre de jeunes gens, Allemands, Flamands et autres, sculpteurs, peintres, mathématiciens. » Je n'ajouterai qu'un mot à ce portrait si nettement tracé : Lorsque Viviani a connu Galilée, l'illustre vieillard, accablé de douleurs et d'infirmités, avait conservé la sérénité de son esprit et l'affabilité de ses manières. Un caractère est bien fortement trempé lorsqu'il reste aimable et charmant malgré tant de motifs de tristesse et d'impatience.

En étudiant la vie et le caractère d'un grand homme du passé, j'ai quelquefois aperçu parmi nos contemporains quelque figure qui se rapprochait de la sienne, et lorsqu'une étude attentive, en multipliant les analogies, vient confirmer cette première vue, en l'absence de documents complets et précis il semble permis de l'accepter comme le guide le moins incertain que l'on puisse suivre pour compléter le portrait. C'est ainsi que, malgré la différence des sujets d'étude, la physionomie de Képler se rapproche pour moi de celle de l'illustre physicien anglais Faraday ; mais, pour trouver une ressemblance à Galilée, j'ai besoin de me représenter Ampère gardant toute la profondeur et toute la solidité de son génie, et doué par surabondance de l'esprit lucide et brillant d'Arago.

# Chapitre V

## ISAAC NEWTON et ses travaux

L'auteur, fort oublié aujourd'hui, d'un poème sur l'astronomie, avait pris conseil de M. Poinsot, en lui demandant un avis sincère. Le spirituel et profond géomètre répondit par quelques critiques générales et vagues, qui ne semblent pas avoir exigé une lecture bien attentive de l'œuvre ; puis, à propos d'un passage sur les plus illustres représentants de la science : « Il faut prendre garde, ajoute-t-il, à la proportion qu'on doit observer entre les épithètes appliquées aux grands noms ; cette distinction est très-importante pour la dignité du poème. Illustre confident est une expression qui ne convient qu'au seul Newton ; il est le seul dont on puisse dire qu'il était réellement dans la confidence, car il expose et développe la nature avec la plus grande facilité ; tandis que les autres ont beaucoup de peine à lui arracher quelques secrets particuliers. »

Ces quelques lignes, dans lesquelles *les autres* signifient Copernic, Képler, Galilée et Huyghens, donnent l'idée la plus haute, comme elle est la plus vraie, de la gloire d'un homme dont le nom défie toutes les louanges. En les écrivant, Poinsot, qui citait souvent Voltaire, s'est sans doute souvenu que l'illustre poête avait dit :

*Confidents du Très-Haut, substances éternelles,*
*Qui brûlez de ses feux, qui couvrez de vos ailes*

162

*Le trône où votre maître est assis près de vous,*
*Parlez : du grand Newton n'étiez-vous pas jaloux ?*

Ces beaux vers expriment dignement aussi à quelle incomparable hauteur il est juste de placer le nom illustre de Newton ; devant lui, Voltaire le fait comprendre, nul n'a le droit d'être jaloux, et les plus ambitieux ne peuvent que répéter l'exclamation résignée de Lagrange :

« Newton est bien heureux d'avoir eu un système du monde à expliquer ; malheureusement il n'y a qu'un ciel ! »

NEWTON.

Le père de Newton mourut peu de mois après son mariage, et le jeune Isaac naquit le 25 décembre 1642, à Woolstrop, dans le Lincoln'shire, au milieu des tristesses d'un deuil encore récent ; il ne semblait pas destiné à vivre ; deux femmes, que l'on envoya à la ville voisine chercher pour lui quelques médicaments, croyaient le trouver mort au retour, et jugèrent inutile de se hâter. Il vécut pourtant, et ses parents, en soignant son corps avec plus de sollicitude que son intelligence, en firent même un enfant robuste.

Sa mère, qui ne tarda pas à se remarier, le confia à une grand'mère et à une tante, et suivit son nouvel époux, qui demeurait à quelques lieues de la ferme où restait le petit Isaac. On l'envoya à l'école du village ; puis, à l'âge de douze ans, il fut placé en pension chez un apothicaire pour suivre les cours du collège de Grantham. Il était au début et resta pendant quelque temps un des derniers élèves de sa classe ; mais un peu plus d'attention à l'enseignement du maître lui fit tout à coup prendre le premier rang, qu'il ne quitta plus. On a rattaché la supériorité subite du jeune écolier à une aventure dont le souvenir a vécu dans sa famille, mais qui ne semble guère faite pour exercer une telle influence. Un de ses compagnons l'ayant frappé en entrant en classe, Newton l'attendit au sortir de l'école et le provoqua à un duel à coups de poings, dans lequel, quoiqu'il fût moins robuste, sa ténacité lui donna l'avantage ; son adversaire s'avoua vaincu, et usant du droit que lui conférait l'usage. Newton le saisit par l'oreille aux applaudissements de la classe entière, et, à plusieurs reprises, le contraignit à baiser la terre.

C'est alors que honteux, dit-on, de n'avoir pas dans les exercices de la classe la même supériorité qu'au pugilat, Isaac résolut de faire quelques efforts et devint le meilleur élève du collège de Grantham. Mais, vraie ou fausse, cette anecdote ne peut donner aucune idée juste sur le véritable caractère du jeune vainqueur.

Newton fut toujours, par principes, essentiellement pacifique, et sa volonté, soutenue par le sentiment religieux, modéra en toute occasion les explosions de son tempérament irascible.

Après deux années d'étude à Grantham, sa mère, devenue veuve une seconde fois, le rappela près d'elle à Woolstrop ; le jeune Newton se montra peu habile au métier de fermier et peu soucieux de le devenir. Méditant sans cesse ou lisant quelques vieux livres, il négligeait les travaux de la ferme. Newton ne savait ni vendre ni acheter, et il était imprudent de l'envoyer au marché. Après quelques années d'attente inutile, ses parents se résignèrent à faire de lui un savant, et pour le préparer aux fortes études de Cambridge, ils l'envoyèrent une seconde fois à Grantham. Lorsqu'à l'âge de dix-huit ans, il quitta pour toujours ce théâtre de ses premiers travaux, son vieux maître adressa publiquement quelques paroles d'adieu et de regret à cet excellent élève, qu'il proposait pour modèle à tous les autres. Il n'en faudrait pas conclure qu'il ait pressenti le glorieux avenir du jeune Newton : les Newtons, lorsqu'on sait les juger, ne se proposent pas pour modèles, et des écoliers de village risqueraient fort de s'égarer sur leurs traces.

De nombreuses constructions mécaniques, pour lesquelles Isaac Newton montrait une très-grande habileté, l'avaient souvent distrait jusque-là de ses études régulières. Un moulin, une horloge à eau, des cerfs-volants, un vélocipède et un cadran solaire tracé pendant les vacances, sur les murs du petit domaine maternel, témoignèrent de son esprit ingénieux et pratique à la fois.

Dédaignant les jeux des enfants de son âge, c'est au milieu des marteaux et des rabots qu'il prenait ses récréations. Les livres quelquefois l'arrachaient cependant à ses chers outils ; mais on ignore quels ils étaient, et la *Logique* de Sounderson est le seul que les biographes aient cité.

En 1661, à l'âge de dix-neuf ans, Newton fut envoyé à Cambridge ; il y fut admis comme *sous-sizar,* puis comme *sizar.*

Les sizars étaient en quelque sorte les serviteurs des écoliers, et un jeune homme destiné à une profession libérale croirait s'abaisser aujourd'hui, dit un auteur anglais, en accomplissant les humbles fonctions dont ils étaient chargés ; mais les écoliers du dix-septième siècle ne s'offensaient pas de ce titre, et Newton le reçut sans aucune répugnance.

Les Universités anglaises laissaient dès cette époque une grande liberté à leurs jeunes étudiants ; loin de les soumettre tous ensemble à l'étude d'un programme obligatoire, on encourageait chacun à entreprendre les travaux et les lectures de son choix ; Newton lut avidement la géométrie d'Euclide, qu'il abandonna bientôt comme trop facile ; celle de Descartes l'arrêta quelque temps, mais il la comprit seul, et étudia ensuite l'optique de Képler et l'arithmétique des infinis de Wallis. Les conseils de ses maîtres lui étaient peu nécessaires, et lorsque, en leur présence, une difficulté se présentait, il la résolvait avant eux.

Son professeur de mathématiques, Barrow, qui était un homme de grand mérite, ne comprit pas cependant tout de suite le génie de son jeune élève. Newton ne savait pas passer un examen. Interrogé une première fois sur les éléments d'Euclide, il obtint le titre de *scholar*, sans que rien le distinguât de ses camarades ; deux ans après, on le retrouve classé le vingt-quatrième seulement, sur cent quarante concurrents ; il étudiait cependant les mathématiques les plus élevées, et communiquait de temps en temps à son maître des résultats importants et originaux sans montrer aucune inclination à les publier.

Il avait une grande répugnance à faire parler de lui ; et cette aversion pour la publicité, qui fut toujours un des traits de son caractère, contribue à rendre incertaines toutes les dates de ses travaux. Il serait difficile de dire aujourd'hui dans quel ordre se succédèrent ses trois grandes découvertes sur les fluxions, sur la décomposition de la lumière et sur l'attraction universelle ; il faut les rapporter toutes trois, on l'a prouvé très-formellement, aux premières années du séjour de Newton à Cambridge, mais la publication devait en être retardée bien longtemps encore.

En 1666, Newton étant âgé de vingt-quatre ans, Mercator publia la *Logarithmotechnie*, où se trouve le premier exemple d'une série infinie employée pour le calcul d'une fonction inconnue : Barrow y reconnut aussitôt une méthode que depuis longtemps déjà Newton lui avait communiquée. La découverte était considérable et devait exciter l'admiration de ceux mêmes qui n'en soupçonnaient pas la généralité. Trop avancé déjà pour en méconnaître les conséquences, Newton remit simplement à Barrow une rédaction de sa méthode qui, sous le titre : *Analysis per æquationes numero terminorum infinitas*, ne fut publiée qu'en 1704.

L'opuscule fut communiqué à plusieurs géomètres, dont il excita l'admiration ; mais, loin d'être stimulé par de tels suffrages, Newton cessa dès lors de poursuivre ses idées, persuadé que Mercator trouverait aisément le reste avant que lui-même fût d'âge assez mûr pour rien publier.

Après avoir étudié l'optique de Képler, Newton avait lu les écrits de Descartes sur la lumière et prêté son concours à Barrow pour la publication de l'ouvrage intitulé : *Lectiones opticæ*. Aussi adroit que curieux, il s'était appliqué à répéter les principales expériences, et, suivant sa coutume, n'avait pas tardé à devancer son maître.

Newton fit pénétrer un rayon de lumière solaire dans une chambre obscure, et lui faisant traverser un prisme, il produisit sur un écran les vives et brillantes couleurs dont déjà Grimaldi avait admiré l'éclat ; mais il n'y vit pas seulement, comme ses prédécesseurs, un amusement inutile et un spectacle pour les yeux. Attentif aux détails qui conduisent seuls aux grandes découvertes, il remarqua surtout la forme allongée de l'image, et reconnut que, pour la produire, des rayons primitivement inclinés l'un sur l'autre de 30″ au plus, avaient dû, après leur réfraction, former un angle de 2° 1/2, c'est-à-dire environ cinq fois plus grand. Ces rayons, distincts par leurs couleurs, le sont aussi par leur réfrangibilité ; ce n'est pas, comme on l'avait cru, le verre qui leur communique son éclat ; ils étaient réunis dans la lumière blanche sans y être aperçus ; c'est en les séparant que le prisme les rend visibles. À l'aide d'écrans convenablement placés, on peut les étudier séparément et constater qu'ils se réfractent différemment. Un rayon de la lumière blanche est donc composé de sept rayons différents. Pour en donner une nouvelle et irrécusable preuve, Newton parvint à les réunir par une réfraction nouvelle, en reconstituant la lumière blanche dont il a fait ainsi l'analyse et la synthèse. Cette vérité entièrement nouvelle changeait la face de la dioptrique ; comment espérer, en effet, de faire converger tous ensemble au même foyer des rayons différemment réfrangibles, à chacun desquels conviendrait un verre de forme spéciale ?

Newton pensant alors que les miroirs pouvaient donner des résultats plus satisfaisants, il les étudia avec ardeur et construisit le télescope qui porte son nom. On a répété souvent, à cette occasion, qu'allant plus loin encore il avait affirmé l'impossibilité de construire des lunettes achromatiques, en corrigeant le défaut produit par l'inégale réfrangibilité des rayons. Le contraire paraît très-nettement dans une lettre datée du 11 juillet 1672. J'ai affirmé, dit-il, que le perfectionnement des lunettes par réfraction ne doit pas être cherché, comme l'avaient cru les opticiens, dans le seul perfectionnement de la forme des verres. Ne désespérant pas cependant d'y parvenir par d'autres constructions, j'ai pris soin de ne rien dire qui puisse faire penser le contraire.

« Des réfractions successives, toutes dans le même sens, doivent nécessairement augmenter de plus en plus l'erreur produite par la première, mais il ne me semble pas impossible que des réfractions contraires corrigent les inégalités… J'ai examiné dans ce but ce que l'on peut obtenir non-seulement avec des verres, mais par la réunion successive de divers milieux… Mais j'aurai peut-être une meilleure occasion de donner le résultat de mes travaux et de mes essais. »

Après quelques années de séjour à Cambridge, l'invasion de la peste ayant dispersé les écoliers de l'Université, Newton retourna pendant près de deux ans dans son petit domaine de Woolstrop. C'est là, dit-on, qu'il osa pour la première fois chercher à mesurer les forces qui gouvernent et entretiennent le mouvement des corps célestes.

La curiosité de Newton, aiguisée par l'étude et par la méditation, n'avait pu manquer de rencontrer ce grand problème ; et s'il faut même en croire une tradition fort vraisemblable, *il y pensait toujours.* Assis un jour dans son jardin, il vit une pomme se détacher de l'arbre qui la portait et tomber à terre à ses pieds. Cet incident banal conduisant ses pensées dans la voie qui leur était si familière ; il se demanda la cause, à jamais cachée sans doute, de la puissance mystérieuse qui précipite tous les tous les corps vers le centre de notre terre. Mais cette force, quelle qu'en soit la nature, a-t-elle des limites ? Elle agit sur les plus hautes montagnes, s'exercerait-elle à une hauteur dix, cent, mille fois plus grande ? S'étend-elle jusqu'à la lune ? Telle est la question qu'un penseur moins pénétrant aurait facilement pu se poser pour y répondre aussitôt avec une certitude apparente, que la lune n'étant pas soutenue, si elle pesait vers la terre, rien ne l'empêcherait d'y tomber, et que par conséquent notre sphère d'action ne s'étend pas jusqu'à elle. Newton pensa tout le contraire. Ne sait-on pas par une expérience journalière qu'un projectile lancé horizontalement va retomber d'autant plus loin qu'il est parti de de plus haut et avec une plus grande vitesse ? Que l'on se place par la pensée sur le sommet d'une tour de 90,000 lieues de haut, c'est la distance de la lune, pour lancer ce projectile avec une vitesse d'un quart de lieue par seconde, qui est à peu près la vitesse de la lune, n'est-il pas évident qu'il ira retomber à une distance plus grande que le rayon de la terre, qui n'est que de 1,500 lieues ? Comme dans ce mouvement il ne perd rien de sa vitesse, il sera en quelque sorte sans cesse lancé horizontalement, et la même pesanteur qui fait tomber une pierre à la surface de la terre, maintient au contraire la lune à une distance constante sans pouvoir la ramener jamais sur notre globe, dont les dimensions sont trop petites. De telles considérations ne sont que le commencement de la démonstration. La vérité était trouvée, mais, ne pouvant l'assurer d'une certitude infaillible, Newton regarda comme indigne de lui de rien publier, et, confiant dans sa force, ne vit dans sa découverte que le fondement très-solide d'un édifice qu'il mit vingt ans à construire. Il revint à Cambridge concourir pour le grade de *fellow*, et sur onze places il obtint la onzième.

Peu de temps après, en 1669, à l'âge de vingt-sept ans, il fut nommé professeur. Logé et nourri dans le collège, il avait en outre 100 livres d'appointements ; pour toute obligation une leçon publique d'une heure à faire chaque semaine, et quatre heures d'explications à donner aux écoliers qui viendraient lui en demander. Ces fonctions nouvelles dirigèrent sans doute ses études vers les mathématiques pures, et plus particulièrement vers l'algèbre.

Ses lettres, à cette époque, roulent surtout, en effet, sur la théorie des équations et sur celle des séries. Il autorise, dans l'une d'elles, son correspondant Colin à livrer à l'impression une découverte qu'il lui communique : « Mais gardez-vous, ajoute-t-il, de faire connaître mon nom. Cela pourrait augmenter le nombre de mes relations, ce que je tiens particulièrement à éviter. »

Cependant Newton, sans rien publier, devenait célèbre en quelque sorte malgré lui. En 1672 il fut nommé membre de la Société royale de Londres.

C'est à elle qu'il adressa sa première communication publique. Mais comme un avare qui retient tant qu'il peut son trésor, entre ses belles découvertes, il choisit la moindre, et envoya au président Oldenbourg le télescope qui porte son nom.

L'instrument fut tellement admiré, que Newton en témoigna fort sincèrement sa surprise, mais, ajoute-t-il, comme pour montrer qu'il n'y a pas chez lui parti pris de modestie, « si la Société continue ses séances hebdomadaires, je me propose de lui communiquer la découverte qui m'a donné l'idée de construire un télescope ; elle vous plaira, j'en suis sûr, beaucoup plus que l'instrument lui-même ; car elle est suivant moi la plus inouïe, sinon la plus considérable que l'on ait jamais faite dans l'ordre de la nature. »

La découverte dont Newton donne ainsi une si grande idée était celle de la décomposition de la lumière. Elle produisit une grande sensation, mais tous les physiciens ne l'acceptèrent pas tout de suite. Suivant une habitude qui n'est pas sans inconvénients, la Société renvoya le travail à une commission et donna Robert Hooke pour juge à Newton, Hooke était partisan du système des ondulations, et en cela les progrès de la science lui ont, il faut l'avouer, donné complètement raison. Mais le raisonnement ne peut rien contre des faits constants et bien observés ; et tout en accordant de grandes louanges à leur inventeur, Hooke eut le tort d'admettre ou de rejeter ceux que Newton avait découverts, selon qu'ils lui semblaient ou non s'accommoder à ses opinions anticipées.

Pleine d'égards cependant pour Newton, la Société royale ne voulut pas réfuter, en la publiant, une théorie que peu de jours avant elle avait accueillie avec tant de faveur. Elle refusa l'impression immédiate du rapport de Hooke. Newton répondit d'ailleurs de manière à s'assurer les suffrages des juges compétents. La philosophie la plus sûre et la meilleure est, dit-il, celle qui cherche d'abord curieusement les phénomènes en les établissant sur l'expérience. Les hypothèses viennent plus tard pour expliquer les faits, et il faut qu'elles s'y accommodent sans jamais les devancer.

Les lettres échangées entre les deux adversaires par l'intermédiaire d'Oldenbourg, sans être précisément amicales, montrent, on doit le dire, un égal amour de la science et de la vérité et ne sont nullement offensantes. Mais à ces premières critiques plusieurs autres succédèrent sans laisser de relâche au pauvre inventeur. Le jésuite Pardies adressa d'abord quelques objections dont Newton aurait pu mépriser la faiblesse. Il répondit cependant, et de manière à terminer la discussion. *Hallucinatus est reverendus pater,* dit-il en débutant. Sa réponse fut tellement décisive que, sans chercher à en éluder la force, son loyal adversaire, acceptant la leçon, se déclara pleinement satisfait. Des savants, aujourd'hui obscurs, Linus, Gascoin, Lucas, l'attaquèrent ensuite ; indifférent à leur orgueilleuse ignorance, Newton dédaigna cette fois de les ramener et de les instruire ; mais lorsque Huyghens vint contester à son tour l'exactitude des faits et de la théorie nouvelle, l'illustre inventeur, impatienté et découragé, oublia que les contradicteurs d'une grande découverte contribuent eux-mêmes à l'affermir, et il se promit d'éviter à l'avenir, en ne publiant rien, l'appréhension de tels ennuis. Ses plaintes témoignent avec des dégoûts exagérés une inquiétude presque maladive. « J'ai été tellement persécuté pour la théorie de la lumière, écrivait-il quelques années plus tard, que j'ai bien regretté l'imprudence avec laquelle j'ai quitté un bien aussi substantiel que le repos pour courir après une ombre. » Et dans une autre lettre : « Je me suis dévoué à la philosophie, mais je veux lui dire un éternel adieu. Si je la cultive désormais, ce sera pour mon propre plaisir, et poussé par le seul attrait de la vérité ; car je vois qu'en publiant une idée nouvelle, on devient incontinent son esclave et obligé à la défendre. » Il écrivait encore à Oldenbourg : « Je ne me soucie plus de matières philosophiques : ne trouvez donc pas mauvais si je ne vous fais plus de communications. Soyez assez bon pour m'évitera à l'avenir les objections et les lettres de science qui pourraient me concerner. » Il demanda enfin à être rayé du nombre des membres de la société royale ; on le dispensa de payer la cotisation, et il n'insista pas davantage.

Malgré la résolution prise et communiquée à ses amis, la correspondance de Newton, pendant les années qui suivirent son premier envoi à la Société royale, montre l'activité de ses travaux et son intérêt pour les découvertes qu'on ne cessait de lui communiquer. Après avoir aperçu dès l'année 1666 l'explication véritable des mouvements planétaires, il n'est pas croyable qu'il ait cessé d'en méditer les conséquences et d'en rechercher les preuves ; mais on ignore à la fois les routes secrètes qu'il a suivies et l'époque précise à laquelle ses idées sur ce point prirent une forme rigoureuse et définitive. Sur un tel sujet, et même au plus grand génie, la connaissance approfondie des principes de la mécanique est absolument indispensable. Une lettre pleine d'erreurs et d'incertitude, que l'on paraît n'avoir pas assez remarquée, montre qu'en 1674 Newton les ignorait encore et d'une façon absolue. À l'occasion de l'envoi d'un ouvrage publié par un auteur nommé Anderson, il écrit à Colin : « Je vous remercie de votre précieux cadeau ; le livre de M. Anderson est très-curieux et deviendra bientôt utile, si les principes qu'il suppose sont vrais ; mais j'ai des doutes sur quelques-uns d'entre eux, et en particulier sur le mouvement parabolique du boulet. Il en serait ainsi si la vitesse horizontale du boulet était constante ; mais je pense que cette vitesse diminue au contraire rapidement, etc. » Celui qui parle ainsi ignore et méconnaît évidemment le principe de l'inertie, car la suite de la lettre montre très-clairement que Newton néglige la résistance de l'air. Or cette vérité, qui nous semble si constante que nous l'avançons aujourd'hui sans alléguer de preuves, est le fondement de toute la mécanique. Newton, dans le livre des *Principes,* en a fait depuis un continuel usage, et le doute qu'il exprime à Colin aurait ébranlé tout son édifice. Newton était très-capable, par la seule pénétration de son esprit, de trouver en lui-même toutes les lumières ; mais le livre d'Huyghens, *De Horologio oscillatorio,* dans lequel la mécanique a fait un si grand pas, arriva tout à point pour l'aider. Nous avons là-dessus son propre témoignage dans une lettre à Oldenbourg, écrite en 1673. Il dit en effet : « J'ai reçu le précieux cadeau de M. Huyghens, et je l'ai parcouru avec grand plaisir ; il est plein de belles et utiles spéculations tout à fait dignes de leur auteur. Je suis très-aise qu'il nous promette un autre discours sur la force centrifuge. C'est un sujet de grande conséquence pour la philosophie naturelle, l'astronomie et la mécanique. »

L'influence qu'un pareil témoignage établit d'une façon décisive ne fut pas cependant immédiate : l'énoncé seul des théorèmes sur la force centrifuge avait frappé Newton ; les démonstrations ne sont pas données dans le livre d'Huyghens ; évidemment lorsqu'il écrivit la lettre à Colin, Newton ne les avait ni trouvées ni sans doute cherchées ; mais la difficulté n'était pas faite pour l'arrêter. Une communication de Robert Hooke fut peut-être l'occasion qui le ramena dans cette voie. Il avait proposé en effet, en 1679, c'est-à-dire cinq ans après la lettre à Colin, d'étudier la chute d'un corps tombant d'une grande hauteur, pour y reconnaître l'influence, et par suite la preuve du mouvement de rotation de la terre.

Newton lui écrivit qu'en ayant égard à la rotation de la terre le mouvement doit se faire dans une spirale. Hooke affirmait au contraire, ce qui est exact, qu'en négligeant la résistance de l'air, la trajectoire serait une ellipse. Des admirateurs de Newton, n'admettant pas qu'il ait pu se tromper, ont supposé qu'ayant tracé à la main la forme de la trajectoire, il fit faire par mégarde un trait de trop à sa plume, et que le docteur Hooke, qui en sa qualité d'adversaire de Newton doit toujours avoir tort, aura maladroitement vu le dessin d'une spirale. Cette histoire ne mérite pas qu'on la réfute. Nous devons ajouter pourtant que, dans une lettre à Halley, Newton déclare positivement qu'il a cru d'abord que la courbe était une spirale.

À cette époque, c'est-à-dire six ans après la publication de l'ouvrage d'Huyghens, Newton, qui, en 1674, était tout à fait novice en mécanique, n'y avait pas encore fait de bien grands progrès.

Après avoir conçu, en 1666, l'idée fondamentale de l'attraction, il est resté treize ans incertain dans sa marche ; et ses méditations les plus fructueuses sur la philosophie naturelle sont postérieures à 1679. Le problème proposé par Hooke fut vraisemblablement l'étincelle qui alluma ce grand flambeau.

Des inadvertances commises dans un premier aperçu, et confiées dans l'abandon d'une correspondance familière, ne diminuent en rien sa gloire. Newton montra toujours, ne l'oublions pas, une excessive sévérité pour ses propres travaux ; et les écrits scientifiques qu'il a volontairement livrés au public portent sans exception le caractère de perfection et de force où Bernouilli voyait la griffe du lion ; nul jusqu'ici ne les a sérieusement repris d'erreur.

C'est pendant les années 1684 et 1685, que Newton paraît avoir composé son admirable ouvrage sur les principes mathématiques de la philosophie naturelle et recueilli le fruit d'une préparation si longue et si forte. Son esprit, affermi par la pratique assidue de la géométrie la plus profonde, osa chercher les forces qui régissent le système du monde avec une si délicate précision. Jamais, dans la suite des siècles, il ne fut donné à un autre homme de pénétrer le premier une mine plus abondante et plus riche. Deux siècles de travaux persévérants n'en ont pas épuisé le trésor. Pendant deux ans entiers ces grandes découvertes, qui semblaient s'appeler l'une l'autre comme les abîmes dont parle l'Écriture, captivèrent et charmèrent l'imagination et la raison de Newton ; enivré des hautes pensées qu'il appliquait de toute sa force à des difficultés toujours croissantes toujours heureusement surmontées, on le voyait comme ébloui par l'excès de la lumière intérieure, n'ayant conscience ni des heures qui s'écoulaient toujours trop vite, ni des jours qui finissaient toujours trop tôt. Ses besoins corporels constamment oubliés ne pouvaient le distraire ; l'homme avait disparu, et c'est sans aucune exagération qu'en songeant à cette extase continue et sans exemple, Halley a pu s'écrier magnifiquement :

*Nec propius fas est mortalem attingere divos.*

La grande découverte exposée et démontrée dans le livre des *Principes* avec la plus lumineuse clarté est celle de l'attraction universelle ; le soleil attire les planètes, qui s'attirent elles-mêmes mutuellement. Cette secrète et mystérieuse vertu pénètre les profondeurs de la matière en établissant une dépendance mutuelle et comme un lien que rien ne peut rompre entre tous les éléments de ce vaste univers. Chaque partie réagit sur le tout, et le moindre atome attire indistinctement tous les autres, sans en préférer ni en choisir aucun. Mais, parmi la divergence et la contrariété de tant de forces, comment découvrir la loi qui les dirige ? Comment démêler dans cette confusion le rôle et la grandeur de chacune d'elles, et séparer enfin, par des déductions rigoureuses, ce qui est si étroitement uni ?

C'eût été tenter l'impossible que de vouloir résoudre un tel problème ; et Newton devait avant tout le simplifier. Il remplaça d'abord les orbites des planètes par des cercles ayant pour centre le soleil, et celle de la lune par un cercle décrit autour de la terre, et fixe par rapport à elle. Les théorèmes de Huyghens permettent de calculer la force dirigée vers le soleil capable de perpétuer ces mouvements simples, et la troisième loi de Képler montre dans quelle proportion elle doit s'affaiblir avec la distance.

Ce premier pas offrait peu de difficulté.

Trois savants éminents de Londres, Hooke, Wrenn et Halley, qui l'avaient heureusement tenté. étaient arrivés à des conclusions semblables ; tous trois avaient aperçu l'importance du principe et la grandeur de l'édifice dont il devait être le fondement, mais tous trois l'avaient soulevé dans leur tête sans pouvoir en soutenir le poids. Ils eurent occasion de se rencontrer et de causer de leur commune découverte. Le jeune Halley, passionné pour la science, désirait surtout obtenir des deux autres des éclaircissements et des développements. L'esprit exact et prudent de Wrenn n'osait pas s'aventurer sur un terrain aussi inconnu que difficile. Hooke, au contraire, déguisant pour un temps son impuissance sous l'exagération de ses promesses, se donnait un air de grand savoir en esquissant avec complaisance les belles conséquences du principe ; mais ses démonstrations ne prouvaient malheureusement que la stérilité de ses laborieux efforts. Halley n'en fut pas ébloui, et sa vive et sérieuse attention les réduisit bien vite à leur juste valeur. Quoique Newton, satisfait de sa vie tranquille et retirée, ne communiquât rien au public, l'éclat de ses travaux ne pouvait rester complètement caché. Apprenant qu'il s'occupait du même problème, et désespérant des promesses de Hooke, Halley se rendit à Cambridge. Il s'exposait fort à être rebuté, et Newton était peu disposé d'habitude à faire ainsi largesse de ses trésors ; mais, touché par cet ardent désir de la vérité, et sensible peut-être à une admiration si bien méritée qui venait le trouver comme d'elle-même, il dépassa au contraire les espérances de Halley, et lui ouvrant avec une magnifique profusion la source intarissable de ces secrets d'une grandeur jusque-là sans exemple, il déchira tous les voiles et l'introduisit le premier dans le sanctuaire. Halley put contempler dans leur splendeur première et originale ces belles démonstrations, qui montrent dans l'attraction le ressort si simple de cette machine si composée, je veux dire l'univers, dont elle explique les mystérieuses complications sans en affaiblir le prodige. Il apprit avec une admiration toujours croissante comment, en faisant rouler les astres dans leur route accoutumée et leur enseignant *où ils doivent se coucher chaque jour*, elle assure à jamais leur bon ordre et leur juste harmonie ; comment elle soulève et abaisse alternativement la masse immense de l'Océan, en maintenant dans d'inflexibles limites les agitations réglées de ses flots asservis. C'est par elle que Newton explique avec une science accomplie les marches inégales de la lune dans son orbite toujours changeante, et qu'on en peut prévoir aujourd'hui jusqu'aux plus imperceptibles particularités. C'est elle enfin qui règle seule avec une exacte discipline le déplacement séculaire des plans où se meuvent les planètes, l'altération insensible mais constante de leurs orbites, et le mouvement lent et régulier de l'axe de la terre, qu'elle rattache si distinctement, par une relation immédiate et nécessaire, à la forme aplatie de sa surface. Tous les grands phénomènes enfin du système du monde se trouvent ainsi enchaînés avec une admirable unité, et la théorie physique de l'univers est ramenée à un seul principe.

Mais, fidèle à la résolution qu'il avait prise, Newton ne voulait rien publier. Il n'était pas de ceux que l'on mène où l'on veut par les louanges ; la respectueuse et pressante insistance de Halley l'emporta cependant. Newton promit de lui confier l'impression de son livre, et le jeune initié, transporté de reconnaissance et de joie, revint à Londres, tout plein de l'esprit nouveau, annoncer et répandre la bonne nouvelle, en se comparant lui-même à Ulysse ramenant Achille au combat.

La Société royale, animée par son enthousiasme, vota les fonds nécessaires pour l'impression de l'ouvrage dont il vantait avec tant de force les savantes merveilles ; mais quand arriva le précieux manuscrit, la caisse était vide. Ne voulant accepter aucun retard, Halley commença immédiatement l'impression et la termina à ses frais, en ajoutant une préface en vers latins qui ne manquent ni de précision ni d'harmonie, et dont quelques-uns sont restés célèbres.

L'ouvrage parut en 1687 ; on ne connaît pas la date plus précise, qui devrait cependant rester éternellement mémorable dans l'histoire de la science.

Tous les yeux ne s'ouvrirent pas à la lumière. Newton ignorait l'art d'instruire les esprits communs en descendant à leur niveau. Il professa trente ans à Cambridge sans y former un disciple digne de lui ; la salle du cours restait souvent déserte le jour de sa leçon, et Newton retournait alors tranquillement à ses travaux. C'est dans une autre enceinte que le livre des principes devait pour la première fois servir de texte à d'éloquents et solides discours. Le célèbre chimiste Boyle avait légué une rente de 50 livres pour rétribuer chaque année des prédications sur l'existence de Dieu. Le docte et éloquent Bentley, à qui cette tâche fut d'abord confiée, choisissant pour texte le célèbre et majestueux verset : *Cœli enarrant gloriam Dei*, en montra, dans la théorie de l'attraction, le plus magnifique commentaire ; et la bouche d'un prédicateur protestant, ajoutant l'autorité de la chaire à la certitude des démonstrations, exposa publiquement le système de Newton cent ans avant l'époque où le père Boscowich, à Rome, n'osait pas même s'avouer partisan de Copernic. Le livre des principes fit une grande impression sur le célèbre philosophe Locke ; il le lut avidement. Mais Newton, dans son vol si ferme et si haut, ne songe pas toujours au lecteur qui l'accompagne et qu'il faudrait soutenir, et Locke ne put suivre tous les détails des démonstrations. Sans se laisser décourager ni rebuter, il dut se contenter de comparer avec une attention assidue et persévérante l'ordre et l'enchaînement des divers chapitres, et les fortes et sobres réflexions qui étincellent de loin en loin au milieu des formules algébriques ; non moins, ému qu'éclairé par les rayons même affaiblis de cette grande et belle lumière, il n'en demanda pas davantage. L'admiration lui tint lieu de preuves, et, sans poursuivre dans leur subtile rigueur les raisonnements profonds qui les établissent, il osa affirmer, avec une conviction raisonnée, l'entière exactitude des principes, dont la droiture naturelle de son esprit appréciait la force et la fécondité. On se demandera peut-être pourquoi des citations choisies ne donneraient pas ici même, avec une idée de la méthode, l'esprit et la quintessence du livre, en guidant de loin le lecteur sur les traces de Newton, sans lui imposer le langage intraduisible et inconnu de l'algèbre ? Mais ce serait mal comprendre le travail difficile et sérieux auquel le grand philosophe a sans doute consacré bien des mois. Locke, il ne faut pas l'oublier, n'était pas étranger aux mathématiques ; et, pourquoi ne pas le dire ? son intelligence, accoutumée à la méditation, dépassait de beaucoup la moyenne.

Les applaudissements n'ont pas manqué au livre des *Principes,* mais des réclamations et des objections troublèrent en même temps l'esprit inquiet et défiant de Newton. Après avoir énoncé la loi de l'attraction, il avait cru rendre justice suffisante à Hooke en mentionnant sèchement et froidement, suivant sa coutume, les idées antérieurement émises sur le même sujet, et en mêlant dans une même phrase les noms de Hooke, de Wrenn et de Halley. Hooke se plaignit amèrement ; c'était, il est juste de le dire, un homme de grande valeur intellectuelle et d'un savoir extrêmement varié. Il était capable d'inventer et sur bien des sujets avait eu des vues très-heureuses. Appliqué aux mêmes études que Newton, il avait, comme lui, pendant son enfance chétive et maladive, étonné ceux qui l'entouraient par le succès de ses inventions mécaniques. Plus tard il avait, comme lui aussi, aperçu dans l'attraction mutuelle des corps célestes la force qui entretient leurs mouvements ; comme lui et indépendamment de lui, il avait affirmé que cette force varie en raison inverse du carré des distances ; comme lui enfin, il avait fait en optique d'importantes découvertes. Après avoir signalé le phénomène des anneaux colorés, il avait osé affirmer que la lumière ajoutée à la lumière peut produire de l'obscurité. Ses expériences sur les ressorts l'avaient conduit à la loi exacte de la proportionnalité entre l'effort et l'allongement ; de cette loi, exprimée par la formule célèbre *ut tensio sit vis,* il avait déduit un moyen de régler les horloges, et son nom est prononcé avec honneur, quoique mêlé à d'ardentes discussions de priorité dans l'histoire du progrès le plus important de l'horlogerie.

Hooke était enfin un habile architecte, et la ville de Londres, après l'incendie de 1666, se trouva bien d'avoir suivi ses conseils. Mais les qualités brillantes de cet homme singulier, qui aurait pu être le rival de Newton, étaient gâtées par un grave défaut. Son génie entreprenant manquait de persévérance et avait plus d'élan que de force ; son humeur curieuse se contentait d'avoir entrevu confusément la vérité sans la soumettre aux épreuves rigoureuses de la géométrie, et son ardeur trop précipitée, laissant toujours ses découvertes imparfaites, ne donnait que des fruits sans maturité. Il avait trouvé ou plutôt deviné par un heureux et soudain effort la loi exacte de l'attraction. Dans son désir empressé de s'en assurer la possession, il la proclama bien vite, et l'exposa même dans des leçons publiques, en s'appuyant sur des expériences séduisantes et faciles qui n'étaient que d'ingénieuses, mais imparfaites comparaisons. Dans son essor brillant, mais mal réglé,

Hooke se contentait d'avoir aperçu la lumière. Newton, plus pénétrant et plus fort, sut s'en emparer et la suivre ; et pendant qu'il élevait lentement un monument immortel, Robert Hooke poursuivait avec une perpétuelle inconstance l'enchaînement sans fin entre autres singularités, un système de lunettes qui montraient les objets renversés, et il engageait les gens qui voudraient s'en servir à s'exercer d'avance à lire à l'envers ; Les applaudissements donnés à Newton furent insupportables à Hooke. Il les trouvait injustement usurpés, et fatiguait toutes les oreilles de ses droits de priorité, en en réclamant obstinément sa part. Newton fuyait les discussions ; mais quand on le forçait à les subir, il s'emportait bien vite aux extrémités et se montrait rarement équitable. Irrité par l'attitude hostile de Hooke, il oublia, comme il le fit plus tard pour Leibnitz, qu'il avait reconnu et proclamé l'indépendance et l'antériorité de ses idées, et, sans alléguer aucune preuve, ne craignit pas de l'accuser formellement de plagiat. « L'idée n'était pas nouvelle, » dit-il dans une lettre à Halley.

« J'avais envoyé à Oldenbourg une lettre destinée à Huyghens, et son habitude était, en pareil cas, de garder l'original dont il envoyait une copie. C'est dans cette lettre que Hooke a puisé l'idée de l'attraction. Il a eu à sa disposition les papiers d'Oldenbourg, et, reconnaissant mon écriture, il aura lu la lettre dans laquelle je donnais les moyens de comparer la force motrice des planètes dans l'hypothèse du mouvement circulaire. »

Après une telle lettre, les deux adversaires étaient irréconciliables.

Hooke se plaignit plus fort, non sans quelque raison cette fois, et se proclama, avec plus d'amertume et d'impatience encore, le premier et unique inventeur. Il oublia que, par une loi aussi certaine que celles de la mécanique, nul ne peut, quelque estime qu'il ait de lui-même, diriger, en y mêlant sa voix, le concert des louanges qui le rendent illustre. Malgré sa haute position, ses plaintes incessantes furent vaines. Tous les traits de Hooke se retournèrent contre leur auteur, repoussés par la gloire de Newton, et la célébrité d'un homme qui avait bien mérité de la science a été effacée par la splendeur d'un si grand nom. Les admirateurs de son illustre adversaire ont traité Hooke en véritable ennemi, et, en affectant de mépriser ses plaintes, insulté sans aucune justice à sa mémoire. Son seul tort fut cependant de s'obstiner follement, dans sa présomptueuse satisfaction de lui-même, à se mesurer avec un géant, auquel, aujourd'hui encore, nous sommes forcés de le comparer.

La théorie de l'attraction fut presque immédiatement acceptée en Angleterre ; mais les savants continent résistèrent longtemps, et Newton n'eut d'abord pour lui ni le plus grand nombre ni les plus illustres.

Deux des plus grands esprits de l'époque et de tous les temps, Leibnitz et Huyghens, parfaitement préparés tous deux à comprendre la théorie de l'attraction, la rejetèrent cependant sans examen. Huyghens, dont les découvertes mécaniques avaient frayé la voie à Newton, accueillit le livre des principes avec une légèreté plus que dédaigneuse. Ce n'est pas sans un pénible étonnement que dans sa correspondance avec Leibnitz, publiée pour la première fois en 1834, on lit : « Je souhaite voir le livre de M. Newton ; je veux bien qu'il ne soit pas cartésien, pourvu qu'il ne nous fasse pas de suppositions comme celle de l'attraction. » Et après avoir lu le livre : « Pour ce qui est de la cause du reflux que donne M. Newton, je ne m'en contente nullement, ni de toutes les autres théories qu'il bâtit sur son principe d'attraction, qui me paraît absurde… et me suis souvent étonné comment il s'est pu donner la peine de faire tant de recherches et de calculs difficiles qui n'ont pour fondement que ce même principe. »

Leibnitz pensait de même. Deux ans après la publication du livre des *Principes,* dans les *Acta eruditorum* de février 1689, il l'avait déclaré publiquement, sans adoucir par une seule parole de courtoisie son ton dédaigneux et indifférent. Se faisant, au contraire, le disciple de Descartes, et croyant préciser les vaines chimères de cet esprit superbe, il avait cherché dans l'impulsion d'un tourbillon la cause des mouvements planétaires ; et incidemment, après avoir trouvé, par des suppositions plus que contestables, l'expression de la force inversement proportionnelle au carré de la distance, il ajoute : « Je vois, par le compte rendu donné dans ce recueil, que le célèbre Isaac Newton est parvenu au même résultat ; j'ignore sur quels principes il se fonde. »

L'ouvrage de Newton était publié depuis deux ans, et tandis que Huyghens n'y voyait qu'une lettre morte et stérile, la curiosité si facilement émue pourtant de Leibnitz n'avait pas su lui en procurer un exemplaire !

Newton, selon sa coutume, indifférent en apparence, ne chercha nullement à désabuser les lecteurs des *Acta.* Mais une critique rigoureuse et sévère, dans laquelle il triomphe des erreurs accumulées par son adversaire avec une incroyable légèreté, a été retrouvée écrite de sa main et publiée, pour la première fois, en 1850.

En dépit des deux beaux génies qui, jugeant la conclusion étrange et incroyable, se sont voilé les yeux pour n'en pas voir les preuves, cette force d'attraction est incontestable, et la conviction poussée jusqu'à la dernière évidence. Newton évite d'ailleurs avec une grande circonspection de chercher par quelle secrète et mutuelle communication un atome inanimé peut en influencer un autre et lui faire sentir sa puissance à travers les espaces immenses qui les séparent : il étudie les effets des forces et non leur nature. Jamais il n'a prétendu révéler la cause profonde et l'essence même des choses, ni laissé son imagination s'égarer vers ces problèmes infinis, inaccessibles peut-être à l'esprit humain. Que les molécules tendent les unes vers les autres, en vertu d'une loi nécessaire et primordiale, ou poussées par un mécanisme inconnu que leur présence fait agir, c'est là pour lui une question impossible en même temps qu'inutile à éclaircir. Malgré cette lacune, peut-être faudrait-il dire à cause de cette prudence, le livre des *Principes* est, pour qui sait le comprendre, l'un des chefs-d'œuvre et peut-être le plus grand effort de la pensée humaine. La dignité des résultats est incomparable comme leur précision et leur certitude, et l'immense talent, évidemment accessoire à ses yeux, que Newton y déploie comme géomètre porte sa grandeur au plus haut point. La théorie des fluxions y est indiquée rapidement dans une note que Newton nomme *scholie*, mais elle pénètre et domine tout l'ouvrage, qui, aujourd'hui encore, en est la plus grande comme la plus belle application. Lorsque parut le livre des *Principes*, cette théorie, inventée mais non publiée vingt ans avant par Newton, n'était plus nouvelle pour les géomètres. Leibnitz avait publié en 1684, dans les *Acta eruditorum,* une note de six pages qui contient sous une autre forme des principes équivalents. Newton lui-même l'a reconnu d'une manière très-expresse. Rien ne semble donc plus simple et plus clair que l'histoire de cette double découverte, sur laquelle cependant on a tant discuté.

Bien ne pouvait faire prévoir qu'il y eût là matière à un long procès qui, après plus d'un siècle, serait encore débattu avec passion. La question de priorité ne fut, en effet, soulevée que fort tard ; c'est que, sans doute, la forme si modeste sous laquelle Leibnitz présenta sa découverte donne la mesure de l'importance qu'il y attacha d'abord. La grandeur de leur œuvre s'accrut peu à peu aux yeux des inventeurs comme à ceux de leurs disciples, et lorsque la méthode infinitésimale eut changé la face de la science, ils examinèrent leurs droits de plus près, les revendiquèrent strictement et en vinrent bientôt à une guerre ouverte. Sans prendre parti dans cette querelle qui n'est pas encore pacifiée, bornons-nous à raconter quelques faits trop célèbres pour qu'il soit possible de les passer sous silence. Les minutieuses enquêtes auxquelles on s'est livré à plusieurs reprises ont, d'ailleurs, ramené la question à son point de départ ; la postérité, également respectueuse pour la mémoire des deux illustres inventeurs, a accordé à chacun d'eux la part de gloire qui lui revenait au début, de l'aveu même de son rival ; et les géomètres, tout en estimant les deux théories comme équivalentes, les étudient l'une et l'autre dans leur source, en profitant de la diversité des points de vue qui en facilite l'intelligence et en éclaire la philosophie.

Voici quelle fut l'occasion du débat célèbre auquel des amis trop ardents ont donné le caractère et l'importance d'un véritable procès.

Jean Bernoulli, initié par son frère Jacques aux méthodes infinitésimales, en proposant aux géomètres le problème célèbre de la brachistochrone, avait annoncé, suivant un usage alors très-répandu, qu'il leur donnait six mois pour produire leurs solutions, s'engageant lui-même à tenir la sienne secrète pendant ce temps.

Leibnitz seul répondit à l'appel de Bernoulli ; mais en lui communiquant sa méthode, il le priait, dans l'intérêt de la science, de proroger le délai, pour permettre à d'autres géomètres de montrer leur pénétration ; il ajoutait que la difficulté de la question semblait telle, qu'il croyait pouvoir désigner à l'avance les quatre ou cinq géomètres capables alors de la surmonter, s'ils consentaient à l'entreprendre.

Fatio de Duillier, membre de la Société royale de Londres, qui, comme le témoignent plusieurs de ses travaux, avait fait de grands progrès dans la connaissance des nouvelles méthodes, fut, à ce qu'il semble, profondément blessé de ne pas être compté parmi les hommes habiles dont Leibnitz avait donné les noms. Il s'en plaignit amèrement dans un écrit publié en 1699, sous le titre de : *Lineæ brevissimi descensus investigatio geometrica duplex,* et dans lequel il blâme en même temps l'habitude de Leibnitz de toujours s'adresser au public. Il déclare en outre que lui-même, en 1687, a trouvé par ses propres méditations les principes et les règles principales du calcul des fluxions, inventé par Newton, et dont Leibnitz n'est pas même, dit-il, le second inventeur.

Leibnitz, pour toute réponse, opposa les témoignages d'estime qu'il avait à toute occasion reçus de Newton, se plaisant lui-même à exprimer son admiration pour l'auteur du livre des principes, et contestant à Fatio le droit de le représenter dans une discussion qui semble sans fondement.

La controverse n'alla pas plus loin, et les adversaires posèrent les armes, dit le Dr Brewster, tout prêts à les reprendre à la première occasion.

Peu de mois avant la publication du livre des *Principes,* Newton fut enlevé pour un temps aux études qui avaient été jusque-là sa vie tout entière. Une affaire fort insignifiante en elle-même excitait alors les passions de l'Université et échauffait les esprits au dehors. Le roi Jacques II avait désiré qu'un vieux gentilhomme catholique, auquel il portait intérêt, fût admis comme pensionnaire à l'hôpital de l'Université. La corporation tout entière s'opposa à une telle nouveauté en maintenant énergiquement et avec succès son droit à l'orthodoxie des malades. Malgré cette résistance, le roi voulut une seconde fois enfreindre la règle en autorisant un bénédictin à concourir pour le titre de maître ès arts sans prêter le serment d'allégeance et de suprématie. Cette faveur n'avait rien d'excessif, et l'Université avait même accordé librement et gracieusement un titre semblable à un mahométan ; mais le mahométan résidait au Maroc, et le protégé de Jacques II demandait un titre réel qui lui eût donné droit de vote, en autorisant pour l'avenir une tolérance dont on ne voulait à aucun prix, et que deux cents ans de progrès n'ont pu amener encore aujourd'hui.

Le sénat du collège s'éleva fortement contre l'ordre royal. La haute commission de Westminster, étonnée d'une résistance aussi opiniâtre, manda avec le vice-chancelier huit des membres du sénat. Newton fut un des huit. Le terrible président Jeffrys les reçut avec son insolence accoutumée. Après leur avoir lu pour les confondre un passage de la Bible qui démontrait clairement l'impertinence de leurs prétentions, il refusa de les entendre, et destitua le vice-chancelier. L'Université toujours ferme en choisit un autre qui, plus énergique ou plus influent, finit par obtenir gain de cause. Sans sortir de son rôle modeste et muet, Newton dans cette affaire, par son énergie passive et sa fermeté à refuser tout accommodement, gagna la confiance de ses collègues qui, en 1689, le nommèrent représentant de l'Université à la Chambre des communes.

La carrière politique de Newton a eu peu d'éclat, et malgré l'intérêt qui s'attache aux moindres actes d'un si grand homme, on n'a jamais essayé d'en retracer l'histoire. Le professeur timide et insoucieux de succès, qui, riche de tant d'admirables découvertes, parvenait à peine à réunir quelques rares auditeurs, n'essaya jamais d'affronter les orages d'une discussion publique. Tranquille au milieu des agitations politiques, il assistait sans émotion aux événements les plus graves. Après la chute de Jacques, il prêta serment à Guillaume, en engageant par lettre ses collègues de Cambridge à en faire autant.

« L'allégeance, leur dit-il, et la protection sont réciproques ; le roi Jacques ayant cessé de nous protéger, nous cessons de lui rien devoir. C'est Guillaume aujourd'hui qui nous protège, c'est à lui que nous devons obéissance. Je n'ai pas à juger les opposants ; si le fait est blâmable, il est accompli, et je me borne à dire : *Quod fieri non debuit factum valet.* »

Newton traversa la session sans parler et sans agir, sans se mêler aux intrigues, sans les connaître peut-être, sans prendre parti d'aucun côté. Égaré dans une terre étrangère, il était au milieu de ces choses comme n'y étant pas. Il est certainement tout naturel et fort heureux que, les yeux fixés sur une lumière plus haute, Newton, indifférent aux troubles de l'ambition et à l'empressante multiplicité des soins du monde, ait dédaigné toutes ces graves questions que le temps emporte sans en laisser aucune trace. Mais pourquoi alors accepter un rôle dans la vie publique ? Quand on se nomme Isaac Newton, n'est-ce pas entreprendre contre sa propre gloire que de rechercher d'autres honneurs ?

La tolérance de Newton pour les opinions des autres était absolue.

On raconte qu'ayant invité quelques amis à dîner, au dessert, suivant la coutume anglaise, il porta un toast à la santé du roi ; mais apercevant : aussitôt chez les convives quelque répugnance à s'y associer : « À la santé de tous les honnêtes gens, messieurs, leur dit-il ; sur ce point nous sommes tous de même opinion. » Ces principes ne plurent pas à tout le monde, et Newton ne fut pas réélu. Il revint à Cambridge prendre possession de sa chaire et continuer ses travaux. La chimie, à cette époque, l'occupait encore plus que l'astronomie et les mathématiques. Cette science, qui eut toujours pour lui un grand attrait, était alors à peine dans l'enfance. Les chimistes tâtonnaient dans les ténèbres. Le chimérique espoir de transmuter des métaux soutenait et enflammait les plus ardents. Newton le partagea toute sa vie. Dans une lettre écrite, en 1668, à un jeune voyageur, il lui signale déjà le *grand œuvre* comme le sujet qu'il doit particulièrement étudier. Lui-même le cherchait avec patience et passait une partie de son temps au laboratoire. Tant d'efforts n'ont donné aucune découverte réelle, mais il y a puisé sur la philosophie chimique des idées bien supérieures à celles de ses contemporains. Dans les questions placées à la suite du traité d'optique publié en 1704, l'affinité élective des corps est nettement formulée comme la cause des combinaisons chimiques, indépendamment de toute structure mécanique ou physique. Si l'eau-forte dissout l'argent et non pas l'or, tandis que l'eau régale, au contraire, dissout l'or et non pas l'argent, on peut dire que l'eau-forte est assez subtile pour pénétrer l'or aussi bien que l'argent ; mais elle est destituée de la force attractive qu'il lui faudrait pour s'y introduire. La distinction entre les propriétés physiques et chimiques est, on le voit, nettement et pour la première fois formulée. C'en est assez pour assurer à Newton, dans l'histoire de la chimie, une place digne de son nom ; ses erreurs sont celles de son siècle, et ses espérances chimériques, qui avaient aveuglé avant lui ses prédécesseurs, furent reçues longtemps après encore comme d'incontestables vérités.

Pendant les années qui suivirent son retour à Cambridge, Newton fait paraître dans sa correspondance une mélancolie et une inquiétude maladives qui s'accrurent peu à peu jusqu'à l'égarement. Des amis puissants lui avaient fait espérer un changement de situation. Toujours timide et discret, il évite les sollicitations importunes, mais il s'attriste des retards et répète souvent qu'il préfère renoncer à tout. L'incendie de son laboratoire vint lui arracher sa seule distraction et détruisit des papiers d'un grand prix, parmi lesquels se trouvait une partie de son traité d'optique. Cette dernière secousse accabla les forces épuisées de Newton. L'excès de la tristesse, avec le repos, lui enleva le sommeil ; et semblable au soleil, qui disparaît lorsqu'il a achevé sa course, son intelligence, éclipsée pour un temps et affaiblie peut-être pour toujours, cessa de comprendre les démonstrations profondes dont sa mémoire vacillante perdait à chaque instant la trace. Les contemporains de Newton ont jeté un voile sur cette triste époque de défaillance et d'accablement, et quelques-uns de ses admirateurs font encore de vains efforts pour contester l'évidence des témoignages qui nous en restent. Le doute, malheureusement, est impossible. La bibliothèque de Leyde possède un manuscrit autographe d'Huyghens, publié pour la première fois en 1821, par M. Biot, dans l'excellente biographie de Newton, après laquelle on n'oserait plus aborder le même sujet, si de nombreux documents longuement commentés par M. Biot lui-même n'avaient éclairé depuis bien des questions alors douteuses.

« Le 29 mai 1694, M. Colin, Écossais, m'a raconté que l'illustre géomètre Isaac Newton est tombé, il y a dix-huit mois, en démence, soit par suite d'un trop grand excès de travail, soit par la douleur qu'il a eue d'avoir vu consumer par un incendie son laboratoire de chimie et plusieurs manuscrits importants. M. Colin a ajouté qu'à la suite de cet accident, s'étant présenté chez l'archevêque de Cambridge et ayant tenu des discours qui montraient l'aliénation de son esprit, ses amis se sont emparés de lui, ont entrepris sa cure, et l'ayant tenu renfermé dans son appartement, lui ont administré bon gré mal gré des remèdes au moyen desquels il a recouvré la santé, de sorte qu'à présent il recommence à comprendre son livre des *Principes.* » Si l'autorité d'un tel témoignage ne semblait pas décisive, il suffirait de lire quelques lettres écrites par Newton pendant cette triste période. Le 13 septembre 1693, il écrit à Locke :

« Monsieur, mon opinion est que vous avez cherché à me brouiller avec les femmes ; j'en ai été si affecté que, lorsque l'on m'a dit que vous étiez malade et que vous ne vivriez pas, j'ai répondu qu'il valait mieux que vous soyez mort. Je vous prie de me pardonner ce manque de charité, car je suis persuadé maintenant que ce que vous avez fait est juste, et je vous demande pardon de mes mauvaises pensées à ce sujet, et de vous avoir reproché d'avoir attaqué les bases de la moralité par un principe de votre livre des *Idées*, et de vous avoir pris pour un hobbiste. Je vous demande aussi pardon d'avoir dit ou pensé que vous aviez le dessein de me vendre une charge ou de me mettre dans l'embarras. »

Surpris, comme on peut le penser, par une telle lettre, Locke, qui depuis longtemps connaissait et aimait Newton, répondit immédiatement avec douceur et affection, en demandant des explications.

Le 11 octobre, Newton répondit :

« Monsieur, l'hiver dernier, en dormant trop souvent près de mon feu, j'ai contracté la mauvaise habitude de dormir, et une maladie qui a été épidémique cet été a augmenté mon indisposition, de sorte que, lorsque je vous ai écrit, je n'avais pas dormi une heure par nuit pendant quinze jours, et pendant les cinq derniers jours, je n'avais pas fermé l'œil. Je me rappelle que je vous ai écrit, mais je ne me rappelle pas ce que je vous ai dit. Si vous voulez m'envoyer une copie de ce passage, je vous en rendrai compte, si je peux. »

En faut-il davantage pour confirmer la vérité, si évidemment attestée par la note d'Huyghens ? La démence passagère de Newton est un fait constant ; il est impossible de le taire ou de le dissimuler : le grand Newton était homme, et sa faiblesse était soumise à toutes les misères de l'humanité.

La lumière de son intelligence se dégagea peu à peu des nuages qui l'avaient enveloppée ; les forces déconcertées de son esprit, rassemblées peu à peu par le repos, lui donnèrent encore quelques lueurs brillantes ; mais, à partir de 1692, Newton ne fit plus de grandes découvertes.

Vers le milieu de 1694, lord Halifax, qui aimait beaucoup Newton et portait, dit-on, plus d'intérêt encore à sa nièce, parvint au ministère et le fit nommer contrôleur de la Monnaie de Londres. Ses études de chimie rendaient Newton très-capable de remplir sa charge, et peu d'années après son noble protecteur put, sans exciter de réclamations, l'élever au poste important et lucratif de directeur de la Monnaie. Ses nouveaux devoirs, toujours exactement et soigneusement remplis, ne faisaient pas oublier à Newton ses recherches scientifiques ; il se préoccupait surtout de la théorie de la lune : un des plus admirables chapitres du livre des *Principes* y est consacré sans expliquer toutes les bizarres irrégularités qui, après avoir tourmenté pendant deux mille ans les observateurs les plus habiles et les plus patients, défient encore aujourd'hui la science de notre époque. La détermination du mouvement de la lune, soumise aux actions simultanées du soleil et de la terre, est le célèbre problème des trois corps dont la solution, non moins difficile et beaucoup plus importante que celle de la quadrature du cercle, se terminera sans doute de même, à la satisfaction des esprits raisonnables, par une approximation indéfinie qui, sans surmonter les difficultés théoriques, permettra aux calculateurs patients d'accroître sans limite l'exactitude et l'étendue des tables. Newton avait déjà mesuré par ses efforts la difficulté du problème ; ne pouvant le résoudre avec une entière rigueur, il considérait les observations comme un tempérament de ses conclusions souvent hardies, et voulait, avant de risquer un pas nouveau, confirmer l'exactitude de tous les précédents. Les tables de la lune étaient alors fort imparfaites ; c'était même en l'apprenant que le roi Charles II avait créé, pour les perfectionner principalement, l'observatoire de Greenwich. L'astronome royal Flamsteed, auquel la direction fut confiée, était habile et plein de zèle ; il connaissait le génie de Newton et lui rendait justice ; tout disposé à fournir des renseignements, il désirait cependant, avec juste raison, leur donner avant tout la perfection dont il se croyait capable. Mais l'impatient Newton les voulait immédiatement, et semblant les exiger comme une dette, pressait et importunait sans cesse Flamsteed, en n'apportant pas, il faut l'avouer, dans ses relations avec un savant distingué et de même âge que lui, toute la courtoisie dont son mérite supérieur et incontesté n'aurait pas dû l'affranchir. En recevant de Flamsteed, après des demandes pressantes et réitérées, cent cinquante observations de la lune, Newton, pour tout remerciement, lui écrivit :

« Après que je vous ai assisté quand vous étiez embourbé dans vos trois grands ouvrages, la théorie des satellites de Jupiter, votre catalogue des étoiles fixes, et votre entreprise pour calculer le lieu de la lune ; après que je vous ai communiqué ce qui était parfait dans son genre (autant que j'ai pu le juger), et de plus de valeur que plusieurs observations, ce qui (dans un cas) m'a coûté plus de deux mois de rude travail, que je n'aurais jamais entrepris sans vous, et que je vous ai dit avoir entrepris pour avoir quelque chose à vous offrir en retour des observations que vous me faisiez espérer ; et que néanmoins, cela fait, n'ayant pas, ou apparence de les obtenir, ou d'avoir les copies de vos observations rectifiées, j'ai désespéré d'arranger la théorie de la lune… mais maintenant que vous m'offrez les observations antérieures à 1690, j'accepte votre offre avec reconnaissance. »

Flamsteed, voulant discuter de nouveau son travail et le revoir soigneusement, avait exigé qu'il ne fût communiqué ni publié sans son autorisation. Newton eut le tort grave d'oublier cette condition ou de n'en pas tenir compte. Ce fut lui cependant qui se plaignit. Flamsteed avait envoyé à Wallis une note destinée à l'impression, dans laquelle, en parlant de ses observations, il annonçait au public, comme cela était vrai, qu'elles avaient été remises à Newton pour l'aider dans ses travaux sur la lune. Newton l'apprit par l'indiscrétion d'un ami de Wallis, et son imagination maladive y voyant des inconvénients que nous ne pouvons deviner, il lui écrivit avec plus que de la mauvaise humeur :

« Je n'aime pas à voir mon nom imprimé à toute occasion et moins encore à être étourdi et tourmenté par les étrangers sur des questions mathématiques, ou à faire penser à mes concitoyens que je *gaspille* le temps qui doit être employé aux affaires du roi. En conséquence, j'ai prié le docteur Grégory d'écrire à Wallis pour l'empêcher d'imprimer le passage qui avait rapport à cette théorie, et de ne parler aucunement de moi. Vous pouvez, si vous voulez, faire savoir au public que vous possédez un grand nombre d'observations de toutes sortes, et quels calculs vous avez faits pour rectifier les théories des mouvements célestes ; mais les travaux de vos amis ne devraient pas être publiés sans leur permission. J'espère que vous arrangerez l'affaire de façon à ce que, dans cette occasion, je ne sois pas mis en scène. »

Malgré les reproches qu'il lui adressait, Newton, qui avait besoin de Flamsteed, retourna plusieurs fois le visiter à Greenwich et l'invita à dîner chez lui à Londres. Il le pressait de publier la totalité de ses observations ; mais Flamsteed, qui désirait toujours les compléter et les corriger, s'y refusait avec obstination. Pour l'y obliger contre son gré, Halifax, sur qui Newton avait tout crédit, fit accorder par le prince George de Danemark, époux de la reine Anne, une somme importante destinée à payer les frais de la publication ;

cette somme fut confiée à une commission dont Flamsteed ne faisait pas partie, et qui lui demanda communication de ses registres ; Flamsteed refusa. Pour surmonter son opposition on obtint un ordre de la reine, et la publication commença sans que Flamsteed fût même appelé à en corriger les épreuves. Il se plaignit amèrement, et, dans une réunion chez Newton, alla jusqu'à dire qu'on lui volait son travail. Là-dessus Newton se laissant aller, dit Flamsteed, à la violence naturelle de son caractère, le chargea d'invectives qu'il n'ose rapporter, et dont la plus douce fut de l'appeler *puppy*. L'impression continua sans la participation de Flamsteed. Halley composa et fit imprimer la préface. Halifax était tout-puissant, et ne refusait rien à Newton ; Flamsteed se plaignit inutilement, jusqu'au jour où la mort de la reine Anne, appelant au pouvoir quelques-uns de ses amis, lui permit de se faire rendre justice ; ordre fut donné de lui remettre les exemplaires de l'ouvrage auquel il avait tant de part ; il se hâta de l'examiner avec peu de bienveillance, on doit le croire ; et le trouvant défectueux et plein de fautes, il en brûla de ses mains les quatre cents exemplaires.

Dans toute cette affaire, l'amour de la science semble, il faut l'avouer, avoir fait perdre à Newton, avec les habitudes de douceur et de modération systématiques, le sentiment même de la justice et des droits de chacun. Mais Flamsteed, qui dans ses mémoires raconte minutieusement tous ces détails, se montre de son côté trop passionné pour être cru dans toutes ses accusations contre le caractère de sir Isaac et faire accepter sans défiance le portrait sévère qu'il en trace.

Flamsteed n'est pas le seul contemporain de Newton qui l'ait admiré sans l'aimer. Le docteur Whiston, d'abord suppléant, puis successeur de Newton à Cambridge, avait émis sur quelques points du Nouveau Testament des opinions hétérodoxes. Il raconte, dans ses Mémoires, qu'ayant été présenté par Halley et Hooke comme candidat à la Société royale, Newton, qui était président, déclara que jamais, de son consentement, on ne nommerait un hérétique, et que, si Whiston était nommé, il quitterait la présidence, Whiston, voulant, dit-il, épargner une contrariété à un si grand homme, renonça aussitôt à sa candidature. « Si le lecteur, ajoute-t-il, désire savoir la cause véritable de l'inimitié de Newton contre moi, je rappellerai que, pendant plus de vingt années, j'avais été honoré de sa faveur et de son estime ; mais, comme il exigeait une soumission ponctuelle et absolue, dont je m'écartais quelquefois, et comme il m'arrivait de le contredire, il s'éloigna de moi. Pendant les trente dernières années de sa vie, je ne le revis plus. Son tempérament était le plus craintif, le plus circonspect et le plus prudent que j'aie jamais connu. Jamais de son vivant, ajoute Whiston, je n'aurais osé publier la réfutation si complète et si triomphante de son système de chronologie : avec le caractère que je lui connaissais, un tel coup l'aurait tué. »

Après la publication du livre des *Principes,* Newton, nous l'avons dit, ne devait plus faire de grandes découvertes ; mais il avait encore à publier plusieurs chefs-d'œuvre composés dans sa jeunesse, que, dans son amour inquiet du repos, il avait mis tant d'obstination à conserver inédits. C'est en 1704 seulement qu'il donna au public la première édition de son optique. Les principales parties de ce beau livre avaient été successivement présentées une trentaine d'années avant à la Société royale de Londres ; on y trouve, en outre, l'exposition de la célèbre théorie des accès, qui n'est autre chose que l'expression très-détaillée et très-nette du phénomène des anneaux colorés produits autour du point de contact de deux verres légèrement courbés. Il n'y a, à proprement parler, ni théorie ni explication, mais l'énoncé du phénomène élégamment reproduit en d'autres termes. C'est un siècle plus tard que le Dr Young et notre illustre Fresnel, en rattachant ces curieux phénomènes à la théorie des ondulations, en ont fait en même temps l'une des preuves décisives de la théorie qui les explique.

L'opinion de Newton sur la nature de la lumière n'était pas absolument opposée au système des ondulations. Un milieu éthéré est, suivant lui, absolument nécessaire à la production des phénomènes optiques, sans que cependant les vibrations de ce milieu constituent actuellement la lumière. La lumière consistait, au contraire, dans son opinion, dans l'envoi incessant de particules infiniment ténues, émanées de corps lumineux, et qui, se mouvant dans l'éther, devaient y faire naître des vibrations dont la réaction influait de nouveau sur les apparences observées. Mais la partie la plus neuve du traité d'optique, au moment de son apparition, était sans contredit la célèbre série de questions qui le terminent, et qui, dans leur ensemble, embrassent avec hardiesse les problèmes les plus mystérieux et les plus élevés de la physique, de la chimie et du système du monde. Laplace, au commencement de ce siècle, avait proposé à M. Biot, déjà célèbre par ses premiers écrits, de rédiger les *Réponses du dix-neuvième siècle* aux questions de Newton. Le dernier défenseur de la théorie de l'émission n'était peut-être pas l'homme le plus propre à une telle tâche : le projet n'eut pas de suite ; mais, après cinquante ans de nouveaux travaux et le triomphe éclatant et complet de la théorie des ondulations, on pourrait peut-être le reprendre utilement aujourd'hui, et, tout en laissant de nombreux points de doute, inscrire dans ce cadre plus d'une belle page.

L'ouvrage était suivi d'un traité sur la quadrature des courbes, composé depuis près de quarante années. Dans l'introduction qui le précède, Newton déclara, sans cette fois citer Leibnitz, que la méthode des fluxions s'était présentée à son esprit pendant les années 1665 et 1666. En rendant compte de cet ouvrage, le rédacteur des *Acta eruditorum,* qui très-vraisemblablement n'était autre que Leibnitz lui-même, affecte, au contraire, de parler des *différentiels de M. Leibnitz,* que *Newton remplace et a toujours remplacés* par les fluxions, et dont il a fait un élégant usage dans son ouvrage sur les principes de la philosophie naturelle.

Un ami de Newton, nommé Keil, voyant dans ce passage une accusation perfidement dissimulée, publia aussitôt, dans les transactions philosophiques, une lettre sur les lois de la force centripète, dont le but principal paraît être de parler incidemment de la théorie des fluxions, en accusant Leibnitz de plagiat. Leibnitz s'adressa alors à la Société royale, dont il était membre, contestant à un homme nouveau comme Keil le droit de se prononcer aussi hardiment sur des matières dont il ne pouvait être instruit, et demandant que l'on mît fin à ces vaines et injustes clameurs, blâmées sans doute, ajoute-t-il, par Newton lui-même. Mais en cela il se trompait ; car, bien que Newton ait évité de paraître personnellement dans le débat, il est prouvé que Keil agissait de son aveu et n'écrivait rien sans le consulter. Quoi qu'il en soit, la Société, mise en demeure de se prononcer, nomma des commissaires, qui, moins d'un an après, publièrent un rapport fort court, précédé d'un volume plusieurs fois réimprimé depuis sous le titre de :

*Commercium epislolicum J. Collins et aliorum de varia re matliematica inter celeberrimos præsentis seculi mathematicos, una cum recensione proemissa insignis controversiæ inter Leibnitium et Keilium de primo inventore methodi Fluxionum ; et judicio primarii, ut ferebatur, mathematici subjuncto, iterum impressum.*

Ce recueil précieux pour l'histoire de la science contient un grand nombre de communications mathématiques échangées par les géomètres anglais, soit entre eux, soit avec Leibnitz ; mais la plupart de ces pièces sont étrangères au débat et de nature à embrouiller la question plutôt qu'à réclaircir.

Après avoir rappelé l'histoire d'une découverte annoncée par Leibnitz, et qui avait donné lieu à une réclamation de priorité reconnue fondée, les commissaires décident sur ses droits à la découverte du calcul différentiel avec une autorité qui ne convient ni à des hommes personnellement aussi obscurs, ni aux amis de son rival, travaillant sans l'avouer sous les yeux de Newton, qui les aidait, cela a été prouvé depuis, de son active collaboration. Leur œuvre, qui montre plus de passion que de zèle pour la vérité, suffirait seule pour tenir en garde contre les assertions injurieuses à Leibnitz qui y sont inscrites.

Dans un ouvrage dont le caractère devrait être la plus impartiale sincérité, ils ont substitué les rôles d'accusateurs et d'avocats à celui de juges ne craignant pas de donner leurs préventions ou leurs conjectures pour des vérités constantes ; il serait donc imprudent de leur accorder une confiance absolue, et les matériaux qu'ils nous ont transmis doivent être soumis à une sévère critique.

D'après leur rapport, les prétentions de Leibnitz n'auraient aucun fondement. Il se plaignit en vain : « Mais je ne sais, écrivit-il à Chamberlayne, par quelle chicane et quelle supercherie quelques-uns firent en sorte qu'on prit la chose comme si je plaidais devant la Société et me soumettais à sa juridiction, à quoi je n'avais jamais pensé ; et, selon la justice, on devait me faire savoir que la Société voulait examiner le fond de l'affaire, et l'on devait me donner lieu de déclarer si j'y voulais proposer mes raisons et si je ne tenais aucun des juges pour suspect. Ainsi on n'y a prononcé qu'*una parte audita,* d'une manière dont la nullité est visible ; aussi ne crois-je pas que le jugement qu'on a porté puisse être pris pour un arrêt de la Société.

« Cependant M. Newton l'a fait publier dans le monde par un livre imprimé exprès pour me décréditer, et envoyé en Allemagne, en France et en Italie, comme au nom de la Société. Ce jugement prétendu et cet affront fait sans sujet à un des plus anciens membres de la Société même, et qui ne lui a point fait déshonneur, ne trouvera guère d'approbateurs dans le monde ; et, dans la Société même, j'espère que tous les membres n'en conviendraient pas. Des habiles Français, Italiens et autres, désapprouvent hautement ce procédé et à s'en étonnent, et on a là-dessus des lettres en main ; les preuves produites contre moi leur paraissent bien minces.

Cependant, dès que la Commission eut parlé, les géomètres anglais adoptèrent ses conclusions et les regardèrent comme solidement établies. C'est ce que Taylor accepte dans l'ouvrage intitulé : *Methodus incrementorum,* où le nom de Leibnitz n'est pas même prononcé ; c'est ce que Maclaurin confirme dans le *Treatise of Fluxions* publié en 1735 ; c'est enfin ce que Buffon répète avec plus de force encore dans la préface mise en tête de la traduction d'un ouvrage de Newton. Leibnitz, si l'on acceptait son récit, aurait joint à une mauvaise foi inexcusable une maladresse presque ridicule.

La postérité cependant n'a pas ratifié l'accusation de plagiat si légèrement portée contre Leibnitz, et il n'existe aucune preuve contre la parfaite candeur des grands génies qui sont en cause. On doit donc accorder à tous deux l'honneur de la découverte qu'ils déclarent tous deux avoir faite.

C'est trop insister sur ces vaines discussions, où la science n'a pas à s'accroître. Quoique la publication de Newton ait été postérieure à celle de Leibnitz, il est prouvé qu'il ne lui doit rien ; mais tout porte à croire qu'il ne l'a aidé en rien. En l'absence de preuve positive, qui oserait soupçonner Leibnitz, lui si sincère et si dévoué à la vérité, d'avoir dissimulé les secours qu'il aurait reçus d'un rival ? Sa vie tout entière, tant de fois et si minutieusement étudiée, le justifie d'une telle imputation. Le système que soutiennent ses adversaires est d'ailleurs inadmissible en soi. Ils l'accusent, en effet, d'avoir volontairement dissimulé des vérités que de nombreux témoins auraient pu facilement affirmer lors de la première publication. Si la prudence seule, à défaut de sentiments plus dignes de lui, n'avait pas suffi pour l'empêcher d'affronter, en la méritant, une accusation aussi grave, comment croire que les amis de Newton eussent attendu vingt-cinq ans pour le démasquer ? Leurs reproches, au lieu de s'envenimer lentement par l'aigreur d'une longue et tardive discussion, auraient tout d'abord éclaté pour le confondre.

Leibnitz et Newton partagent donc la gloire d'avoir inventé le calcul différentiel, et, quoique différemment illustres, chacun d'eux doit être tenu pour honoré de s'être rencontré avec un tel émule. Bien qu'ils soient complètement d'accord sur le fond, on retrouve dans la forme qu'ils ont adoptée l'empreinte de leurs génies si dissemblables. L'un, plus préoccupé des lois de l'univers que de celles de l'esprit humain, semble voir surtout dans les nouvelles méthodes l'instrument de ses efforts pour pénétrer la nature, et, leur assignant un but plus élevé, en a mieux montré toute la portée. L'autre, qui mettait sa gloire à perfectionner l'art d'inventer, a plus nettement marqué la route, et nous suivons encore aujourd'hui les traces lumineuses qu'il y a laissées. Le premier, ne produisant ses découvertes qu'après en avoir longuement mûri la forme, a pu donner à ses travaux quelque chose de plus achevé et de plus ferme, et faire jaillir de sa pensée toutes les vérités qu'elle contient.

Le second, plus habile à marquer les grands traits, se plaisait à remuer les questions les plus variées, en éveillant des idées justes et fécondes, qu'il laissait à d'autres le soin de suivre et de développer. Newton se croyait rarement obligé à énoncer la règle avant d'en faire l'application ; Leibnitz, au contraire, aimait à donner des préceptes, et se montrait plus empressé à proposer de beaux problèmes qu'à suivre le détail de leurs solutions. Si Newton, plus diligent, avait publié dix ans plus tôt sa théorie des fluxions, le nom de Leibnitz resterait un des plus grands dans l'histoire de l'esprit humain ; mais, tout en le comptant parmi les géomètres du premier ordre, c'est à ses idées philosophiques et à l'universalité de ses travaux que la postérité attacherait surtout sa gloire. Si Leibnitz, au contraire, abordant plus tôt l'étude des mathématiques, avait pu ravir à son rival l'honneur de leur commune découverte, on n'admirerait pas moins dans le livre des principes, avec la majesté des résultats obtenus, l'incomparable éclat des détails ; et en perdant ses droits à l'invention de la méthode qui s'y trouve employée avec tant d'art, Newton resterait placé au rang qu'il occupe aujourd'hui parmi les géomètres, je veux dire à côté d'Archimède et au-dessus de tous les autres.

Loin de pouvoir dans cette courte esquisse analyser tous les écrits de Newton, nous n'essayerons pas même de les citer ; il en est deux cependant dans lesquels on reconnaîtrait difficilement la main de l'auteur des principes, et que pour cette raison même nous ne pouvons passer sous silence. Newton considérait les choses divines comme les plus dignes d'occuper ses soins et passait pour très-habile dans les controverses religieuses. Il a composé un grand nombre d'écrits théologiques, dans lesquels les juges compétents trouvent du mérite et du savoir ; le plus souvent cité est un commentaire sur l'Apocalypse et sur les prophéties de Daniel. On a cherché à faire remonter la composition de cet ouvrage, dont je ne veux pas me faire juge, à la triste période de son affaiblissement mental. Cette conjecture n'est pas fondée ; mais les preuves concluantes qu'on en a données auraient été jugées inutiles, s'il se fût agi de l'optique ou du livre des principes.

Plusieurs se sont étonnés, sans le lire, de voir un tel livre signé par Newton ; d'autres lui ont reproché avec amertume d'avoir signalé l'Église romaine dans la onzième corne du quatrième animal de Daniel. Il est juste d'ajouter que, ridicule ou non, l'interprétation n'est pas de lui. L'obscurité de l'Apocalypse a permis de tout temps à la ferveur des sectaires d'en tourner le sens à leur fantaisie. Depuis le commencement de la réforme on ne cessait d'y montrer la condamnation de l'Église romaine et l'annonce de sa ruine très-prochaine ; toutes les boutiques des libraires étaient pleines, dit Bossuet, de livres semblables. À côté du traité sur l'Apocalypse se place naturellement, dans les œuvres de Newton, une longue lettre au géologue Burnet, auteur de la théorie biblique de la terre. La complication et la vaste étendue de l'univers en rendent, suivant le pieux évêque, l'arrangement bien difficile en six jours. Newton, pour le mettre à l'aise, remarque doctement qu'on peut sans impiété supposer les journées aussi longues qu'il sera nécessaire. A l'origine des temps, l'éternité toujours permanente n'ayant ni mesure ni terme, ne comptait pas de jours. C'est la rotation du globe qui les a distingués en les mesurant. Or il n'est pas croyable qu'une masse comme celle de la terre ait acquis tout d'abord une très-grande rapidité, et la force quelle qu'elle soit qui a produit la rotation du globe, lui a imprimé une mouvement uniformément accéléré. Si l'on admet que dans la première année la terre n'a accompli qu'un seul tour, suivant les lois de la mécanique elle en aura fait trois la seconde année, cinq pendant la troisième, et c'est après cent quatre-vingt-deux années révolues que, la vitesse définitive de trois cent soixante-cinq tours par an étant acquise, la force a pu cesser son action. Les jours à l'origine des choses étaient donc fort longs. Cette trop ingénieuse hypothèse augmenterait la vie d'Adam de quatre-vingt-dix ans environ ; mais, comme le remarque Newton, cela n'est pas une affaire (*it is not such great business*).

Je sens toute mon incompétence, et j'ai hâte d'en finir avec de telles questions ; comment ne pas mentionner cependant le passage si souvent remarqué dans lequel Newton, emporté par la grandeur de son sujet, après avoir révélé le secret des mouvements célestes, tente, en terminant son beau livre, de s'élever plus haut encore jusqu'à la source de toute vérité :

« Celui-ci, dit-il en parlant de Dieu, régit tout, non comme âme du monde, mais comme Seigneur universel de toutes choses. Et à cause de sa souveraineté ou seigneurie, on a coutume de l'appeler le Seigneur Dieu, παντοχρατων. Car Dieu est un terme relatif par lequel on désigne le rapport de maître à esclave, et la déité est la souveraineté de Dieu ; non celle qu'il exercerait sur son propre corps, comme le veulent les philosophes qui font de Dieu l'âme du monde, mais celle qu'il exerce sur ses esclaves ; ce Dieu suprême est un être éternel, infini, absolument parfait : mais un être qui n'a point de souveraineté, quand même il serait parfait, n'est point un Seigneur Dieu. En effet, nous disons : Mon Dieu, votre Dieu, le Dieu d'Israël, le Dieu des Dieux et le Seigneur des Seigneurs ; mais nous ne disons pas : Mon Éternel, votre Éternel, l'Éternel d'Israël, l'Éternel des Dieux ; nous ne disons pas mon Infini ou mon Parfait, et la raison en est que ces titres ne désignent point un être comme souverain sur des esclaves. En général, le mot Dieu signifie Seigneur ; mais tout seigneur n'est pas Dieu. C'est la souveraineté à titre d'Être spirituel qui constitue le Dieu ; si elle est réelle, il est réel ; si elle est suprême, il est suprême ; si elle est imaginaire, il est imaginaire. De ce que cette souveraineté est réelle, il suit que Dieu est réel, qu'il est vivant, intelligent, puissant ; de ses autres perfections il suit qu'il est suprême ou suprêmement parfait. Il est éternel et infini, omnipotent et omniscient, c'est-à-dire il dure depuis l'éternité, il remplit l'immensité par sa présence, il régit tout et connaît tout, ce qui arrive et ce qui peut arriver. Il n'est pas la durée et l'espace, mais il dure et il est présent, il dure *toujours* et il est présent *partout*, il constitue la durée et l'espace. Comme chaque parcelle de l'espace est toujours, et comme chaque moment indivisible de la durée est partout il est impossible que le fabricateur et Seigneur souverain de toutes choses manque d'être en quelque moment, ou en quelque endroit. Toute âme pensante est la même personne indivisible en divers temps, dans ses différents sens, dans les différents mouvements de ses organes. S'il y a des parties successives dans notre durée, et simultanées dans notre étendue, il n'y en a d'aucune espèce, ni successives, ni simultanées dans notre personne, c'est-à-dire dans notre principe pensant. A plus forte raison n'y en a-t-il aucunes dans la substance pensante de Dieu. Tout homme, en tant que chose pensante est un seul homme, et le même homme à travers toute la durée de sa vie, dans tous ses organes et dans chacun de ses organes. De même Dieu est un seul et même Dieu toujours et partout : il est omniprésent, non-seulement par sa puissance active, mais encore par sa substance même ; car la puissance ne peut subsister sans la substance. Toutes choses sont contenues en lui et se meuvent en lui, sans que ni lui ni elles n'en éprouvent quelque impression ; car il n'est point affecté par les mouvements des corps, et les corps ne trouvent point de résistance dans l'omniprésence de Dieu.

Ce passage, dont l'obscure subtilité contraste singulièrement avec la lumineuse précision du reste de l'ouvrage, ne se trouve pas dans la première édition. Était-il utile de l'ajouter ?

Newton avait été nommé, en 1703, président de la Société de Londres ; dès l'année 1701, on l'avait rappelé au parlement ; il garda ces deux fonctions jusqu'à sa mort. Sa vieillesse fut heureuse ; l'admiration de ses contemporains égala celle de la postérité. Le marquis de L'Hôpital demandait un jour à un Anglais qui connaissait Newton, si l'auteur du livre des *Principes,* soumis aux besoins de l'humanité, dormait, mangeait et buvait comme les autres hommes. Il put continuer jusqu'au dernier jour ses études et ses travaux, sans craindre les contradictions qui l'avaient tant effrayé dans sa jeunesse, et dont l'autorité imposante de son nom le garantissait désormais. Entouré de la famille de ses nièces, qui savaient être fières de lui, il atteignit paisiblement et sans infirmités l'âge de quatre-vingt-quatre ans, et mourut, après une douloureuse maladie, supportée avec courage et résignation, sans murmure et sans impatience.

Le nom de Newton est tellement grand, qu'on est tenté, quand on le prononce, d'oublier le mot de Pascal : « Les grands hommes, quelque élevés qu'ils soient, si sont-ils semblables aux moindres par quelque endroit. »

Newton cependant n'a pas échappé à la loi commune ; son génie scientifique est incomparable, comme l'importance et la majesté des questions encore intactes sur lesquelles il lui a été donné de s'exercer ; mais là se bornent sa supériorité et sa grandeur. Pour tout le reste, il ne dépasse en rien le niveau commun, et cet esprit, si net et si ferme quand il s'agit de la science, semble, sur les questions d'un autre ordre, timide, bizarre et, malgré son irréprochable vertu, quelquefois même sans élévation.

Pendant sa longue carrière, si souvent et si minutieusement étudiée, on ne lui connaît aucune amitié profonde et sincère. Un de ses visiteurs le plus assidu était, à Cambridge, le chimiste Vigani, dont il aimait la conversation. Newton rompit avec lui pour l'avoir entendu raconter une histoire un peu leste.

Lorsque les lettres de Newton sortent du cercle de ses idées habituelles, elles semblent peu dignes d'un si grand esprit. En 1704, il écrivait à une jeune veuve, lady Norris : « Madame, votre grand chagrin pour la perte de sir William montre que, s'il était revenu bien portant, vous auriez été heureuse de vivre avec un mari, et par conséquent votre aversion à vous remarier maintenant ne peut venir d'autre chose que du souvenir de celui que vous avez perdu. Penser toujours aux morts, c'est mener une vie mélancolique au milieu des sépulcres. Et la maladie que le chagrin vous a amenée lorsque vous avez reçu la première nouvelle de votre veuvage, montre à quel point il est ennemi de votre santé. Pouvez-vous vous résoudre à passer le reste de vos jours dans le chagrin et la maladie ? Pouvez-vous vous résoudre à porter le costume de veuve, un costume, qui est moins agréable à la société, un costume qui vous rappellera toujours le mari que vous avez perdu, et qui, par là, occasionnera votre chagrin et votre indisposition jusqu'à ce que vous l'ayez quitté ?

« Le remède convenable à tous ces maux est un nouveau mari, et savoir si vous devez admettre le remède à ces maladies est une question sur laquelle, je l'espère, vous n'aurez pas besoin de réfléchir longtemps ; savoir si vous devez porter constamment le triste costume de veuve ou briller encore parmi les autres dames ; si vous devez passer le reste de vos jours gaiement ou dans la tristesse, en bonne santé ou malade, sont des questions qui ne demandent pas beaucoup de considération avant d'être décidées. D'ailleurs, votre vie pourra mieux être en rapport avec votre qualité avec l'aide d'un mari que vivant seule avec vos biens ; et puisque la personne proposée ne vous déplaît pas, je ne doute pas que, dans peu, vous ne me fassiez part de votre inclination à vous marier, ou qu'au moins vous ne me donniez la permission d'en causer avec vous. »

On a supposé que Newton, dans cette lettre, plaidait sa propre cause, et qu'il était lui-même le prétendant si singulièrement offert à lady Norris ; d'autres ont affirmé qu'absorbé dans ses grandes pensées, il n'avait jamais connu l'amour ; les deux traditions peuvent se concilier : si la lettre à lady Norris peut être, à la rigueur, une demande en mariage, elle n'est certes pas une lettre d'amour.

Newton, on le voit par sa lettre à lady Norris, entendait assez mal le rôle de consolateur. Il était cependant compatissant par nature, et sa main s'ouvrait facilement pour assister les malheureux. Redoutant par-dessus tout les importuns, il aimait sans doute à s'en débarrasser plus vite en les renvoyant satisfaits ; mais sa bienveillance n'attendait pas toujours qu'on la sollicitât, et longtemps avant même qu'il ne fût devenu riche, on le vit subvenir aux besoins d'une famille entière subitement tombée dans le malheur. S'effrayant à la seule idée d'une discussion, il affectait une inaltérable patience, et les contradictions semblaient le laisser impassible. Il ne les oubliait, cependant, ni ne les pardonnait ; et son orgueil, timidement craintif, avait parfois de singuliers réveils. En 1721, cinq ans après la mort de Leibnitz, Bernoulli avait exprimé le désir de posséder son portrait. Newton répondit :

« Demoivre m'a dit que Bernoulli désirait avoir mon portrait ; mais il n'a pas encore reconnu publiquement que je possédais la méthode des fluxions en 1672, comme cela est dit dans l'éloge de Leibnitz, publié dans l'histoire de votre Académie. Il n'a pas encore reconnu que j'ai donné, dans la première proposition du livre des *Quadratures,* publié, en 1683 par Wallis, et qu'en 1686, lem. 2, livre II des *Principes,* j'ai démontré synthétiquement la véritable règle pour différencier les différences ; et que je possédais, en l'année 1672, la règle pour déterminer la courbure des courbes. Il n'a pas encore reconnu qu'en l'année 1669, lorsque j'écrivis l'Analyse par séries, j'avais une méthode pour carrer exactement les lignes courbes lorsque cela peut se faire, qui est expliquée dans ma lettre à Oldenbourg, datée du 24 octobre 1676, et dans la cinquième proposition du livre des *Quadratures ;* et aussi que des tables de courbure, qui pourraient être comparées aux sections coniques, ont été composées par moi à cette époque. S'il admettait ces choses, cela mettrait fin à toutes disputes, et alors je ne pourrais pas facilement lui refuser mon portrait. »

Ajoutons comme un dernier trait la lettre suivante qui, d'après les éditeurs qui l'ont publiée, contient une opinion intéressante de Newton sur la peine de mort :

« Milord, je ne connais nullement Edmund Metcalf, convaincu aux assises de Derby d'avoir contrefait la monnaie ; mais, puisqu'il est évidemment convaincu, mon opinion est qu'il vaut mieux le faire pendre que de s'exposer à ce qu'il continue à contrefaire la monnaie en enseignant aux autres à en faire autant, jusqu'à ce qu'il soit convaincu de nouveau, car il est bien rare que ces gens ne recommencent pas et il est difficile de les surprendre. Je dis cela avec la plus humble soumission à la volonté de Sa Majesté, et je suis, Mylord, etc. »

Le soleil, disait Galilée, a des taches aussi apparentes, pour qui sait les regarder, que de l'encre sur du papier blanc. N'en est-il pas de même de l'esprit si élevé, si étendu et si droit du grand Newton ? Et, dans les lettres que nous avons rapportées, qui peut être si aveugle que de n'en pas voir, je n'ose pas dire les bornes, mais les lacunes ? C'est trop s'arrêter sur un tel sujet ; lorsque nous nommons Newton, songeons au livre des *Principes ;* à cet édifice unique et incomparable que deux siècles d'études et de progrès, en le laissant intact, n'ont fait qu'étendre et affermir, et que Lagrange, l'illustre Lagrange, presque l'égal de Newton, a pu appeler, sans que personne osât y contredire, *la plus haute production de l'esprit humain.*

# Postface

Malgré l'admiration excitée par le livre des *Principes* de Newton, les géomètres les plus habiles pouvaient seuls pénétrer la doctrine nouvelle ; la lumière n'était pas de celles que tout œil peut voir et qui dissipe immédiatement les ténèbres.

La science imaginaire et fragile de Descartes conserva encore de nombreux partisans. Non moins éblouis par la fausse universalité de ses explications que par l'autorité d'un grand nom et la confiance audacieuse du présomptueux réformateur, il leur semblait commode de devenir, en quelques jours et sans études préalables, philosophes et savants sur toutes choses. D'habiles géomètres, il est juste de le dire, demeurèrent parmi les cartésiens sans qu'il soit possible de leur supposer un tel motif. La question philosophique était-elle cependant digne d'être posée entre les deux systèmes ? Faut-il, comme le veut Newton, calculer les moindres irrégularités du mouvement des astres soumis à des forces exactement connues, ou se contenter avec Descartes d'indications vagues et générales, sans qu'il existe aucunes lois précises et rigoureuses ? Après avoir dit en gros dans quel sens se font les mouvements et à peu près avec quelles vitesses, peut-on se contenter d'ajouter :

« Toutes ces diverses erreurs des planètes, lesquelles s'écartent toujours plus ou moins en tout sens du mouvement circulaire auquel elles sont principalement déterminées, ne donneront aucun sujet d'admiration, si l'on considère que tous les corps qui sont au monde s'entre-touchent sans qu'il puisse y avoir rien de vide ; en sorte que même les plus éloignés agissent toujours

217

quelque peu les uns contre les autres par l'entremise de ceux qui sont entre deux, bien que leur effet soit moins grand et moins sensible. »

Descartes, dont ce sont là les paroles, était trop occupé à admirer ses propres idées pour avoir le loisir d'examiner les phénomènes et de descendre aux minutieux détails : les vagues conjectures qu'il prenait pour des réalités, ne fournissent aucune décision précise, et sa doctrine, qui s'accommode à tout, mais ne fait rien prévoir, échappe à tout contrôle rigoureux : un arbre, dit-on, doit être jugé par ses fruits ; le système de Descartes n'en produit aucun. On peut en montrer les faiblesses, mais non les erreurs ; et comme il ne s'autorise que de lui-même, que ses conceptions suivant lui, se justifient par elles-mêmes, il est difficile de trouver des raisonnements en règle pour les contredire.

Newton, s'élevant au contraire à la connaissance des lois générales, fait de l'astronomie la plus exacte de toutes les sciences ; sa théorie complète et rigoureuse ne laisse rien au hasard et prétend expliquer les particularités les plus minutieuses des mouvements célestes. Cette entreprise, qui jusque-là n'avait pas d'exemple, est couronnée d'un plein succès, et les admirables déductions de ses principes s'accordent d'autant mieux avec l'observation que le calcul en devient plus irréprochable et plus précis.

Et tandis que Descartes, comme un pilote qui abandonne le gouvernail, livre les planètes aux caprices de ses vagues tourbillons, Newton les suit pas à pas dans le ciel, en les soumettant à la précision de son calcul comme à la rigueur de ses raisonnements.

L'indécision ne pouvait se prolonger : l'observation en de telles matières est, quoi qu'on fasse, la seule règle supérieure et infaillible ; elle parle plus haut encore que les raisonnements les plus subtils. La théorie Newtonienne, conférée aux astres eux-mêmes avec un succès toujours croissant, devait ébranler peu à peu et condamner enfin à un éternel oubli ce pompeux édifice sans solidité comme sans fondement, qui n'a pas même laissé de ruines. Mais il ne fallut pas moins d'un demi-siècle pour faire évanouir l'hypothèse des tourbillons sous les rayons pénétrants de la vérité. En prononçant l'éloge de Newton devant l'Académie des sciences de Paris, Fontenelle cherche encore à contenter les deux partis. Sans rien réfuter ni chercher à convaincre, il tient entre eux une balance égale, et croit grandir l'auteur du livre des *Principes* en en faisant, comme astronome, le rival de Descartes. Ce trop long partage des meilleurs esprits n'a pas retardé les progrès de la mécanique céleste. Newton avait poussé tellement loin l'application des méthodes dont il disposait et qu'il a créées, que le perfectionnement de l'analyse était indispensable pour préparer de nouvelles conquêtes en ajoutant à la claire intelligence des causes le calcul numérique et précis des effets. Parmi ceux qui, préoccupés seulement de la science abstraite, préparèrent avec le plus de bonheur l'instrument des découvertes à venir, il faut, au premier rang, citer les frères Bernoulli et Euler, leur illustre disciple, devenu bientôt leur émule. Les Bernoulli repoussèrent l'attraction jusqu'à la fin de leur carrière, et Euler lui-même commença par se montrer cartésien ; mais la force de la vérité, et peut-être aussi l'occasion de faire de beaux calculs, l'attirèrent bientôt dans le camp opposé.

Clairaut et Dalembert entrèrent dans la carrière à peu près en même temps que lui. Leurs découvertes, complétées par les admirables travaux de Lagrange et de Laplace, ont permis à la théorie des mouvements célestes, de suivre en les devançant lorsque cela a été nécessaire, les progrès si admirables pourtant des observations.

L'histoire de ces grands hommes, auxquels il faudrait adjoindre l'illustre Bradley, donnerait un tableau des progrès les plus importants de la science et l'indication des centres principaux autour desquels se groupent d'autres travailleurs très-dignes de respect, mais relativement du second ordre.

La théorie lunaire de Newton forme dans le livre des *Principes* l'un des chapitres les plus justement admirés. Les traits principaux du mouvement de notre satellite s'y trouvent expliqués par les actions simultanées de la terre et du soleil avec trop de rigueur et de précision pour laisser subsister le plus léger doute sur l'exactitude de la théorie qui les prévoit et du principe qui les enchaîne. Newton est loin cependant d'avoir dit le dernier mot sur un problème que les travaux incessants des plus habiles géomètres nous ont habitué aujourd'hui à regarder comme insoluble. La détermination du mouvement de la lune, attirée à la fois par la terre et par le soleil, est le célèbre problème des trois corps dont l'énoncé résonne aux oreilles d'un géomètre, à peu près comme celui de la quadrature du cercle. Le calcul mathématique et rigoureux surpasse les forces de la science, et l'on n'arrive au but que par des approximations successives. De progrès en progrès il sera cependant résolu un jour, comme le célèbre problème d'Archimède, avec une approximation indéfinie qui surpassera les besoins des astronomes et les désirs des plus difficiles.

Dalembert et Clairaut s'occupèrent, en même temps, du problème des trois corps, et leurs solutions furent présentées l'une et l'autre à l'Académie des sciences de Paris vers le milieu de l'année 1745. Soixante ans s'étaient écoulés depuis la publication du livre de Newton, et c'était la première fois cependant qu'un progrès important était apporté à ses grandes théories. Clairaut et Dalembert, embrassant dans leur analyse toutes les conditions du problème, obtinrent tous deux, avec les résultats trouvés par Newton, d'autres irrégularités bien connues des astronomes, et que la méthode synthétique n'avait pas indiquées. A côté de ces minutieuses concordances, marques assurées d'une théorie exacte, un seul écart subsistait encore, léger, il est vrai, mais qu'ils croyaient certain. Malgré l'évidence et la force des preuves qu'il connaissait si bien, Clairaut, trop confiant dans ses calculs, osa les alléguer comme un témoignage décisif contre la loi d'attraction qui, suivant lui, n'était qu'approchée. Les géomètres inclinaient à le croire ; Dalembert et Euler, par des moyens différents, rencontraient la même difficulté, que Newton d'ailleurs avait déjà aperçue sans s'en étonner ni y attacher d'importance. L'illustre Buffon, peu connu alors, osa s'élever contre ce découragement trop précipité. L'abandon du point capital d'une doctrine appuyée sur tant de raisons précises et démonstratives, le choquait moins encore cependant que la complication de l'hypothèse nouvelle, qui venait corrompre, suivant lui, l'admirable simplicité des voies de la nature.

La science de Buffon n'était ni assez ferme ni assez puissante, et il était trop peu instruit sur ces questions pour redresser Dalembert et Clairaut en les suivant sur leur terrain. Il ne parlait pas leur langage, et la lutte était impossible. C'est par de vagues principes métaphysiques fort peu persuasifs pour les géomètres, que Buffon établissait l'intégrité et la pureté de la théorie newtonienne, en affirmant que la difficulté nouvelle serait résolue comme les précédentes. Clairaut lui-même ne tarda pas à lui donner raison ; il reconnut et corrigea en même temps une erreur due à l'insuffisance des calculs dont il avait si positivement affirmé l'exactitude. La loi de l'attraction triomphait une fois de plus, et l'objection se tournait en preuve. La lumière un instant obscurcie perça enfin tous les nuages, et la théorie désormais hors d'atteinte demeura la règle immuable et éternelle de tous les mouvements célestes. Le calcul et l'observation devaient désormais se prêter la main et se donner un mutuel secours ; les faibles écarts qui les séparent aujourd'hui prouvent seulement l'imperfection de l'un et de l'autre.

Tout n'était pas fait cependant. Les observations anciennes et précises de la lune, représentées dans leurs traits généraux, ne l'étaient pas dans leurs minutieux détails. Non-seulement l'erreur des tables de Clairaut surpassait quelquefois 30'', mais l'accélération séculaire du moyen mouvement de la lune donnait encore aux calculs les plus précis un dernier et inexplicable démenti. Halley, qui l'avait signalée, la fixait à 11'' environ pour un siècle tout entier ; quoiqu'elle s'accrût bien plus rapidement que le nombre des siècles, un tel chiffre parle de lui-même et il est inutile d'insister sur l'exactitude et la perfection des calculs comme sur la scrupuleuse conscience des géomètres qui ont tenu à l'honneur de le retrouver dans leurs formules. La question fut proposée deux fois comme sujet de prix par l'Académie des sciences de Paris, et deux fois Lagrange mérita son approbation et ses louanges sans cependant révéler la cause exacte.

Laplace, en passant en revue les grandes questions du système du monde, ne pouvait manquer de rencontrer une difficulté qui avait exercé et embarrassé de si grands hommes. Songeant d'abord, comme Clairaut, à modifier la loi de Newton, il se demanda si l'attraction est instantanée ; le moindre retard produirait, suivant les calculs, des effets tellement considérables qu'une propagation huit millions de fois plus rapide que celle de la lumière expliquerait l'accélération du moyen mouvement de la lune. Mais que d'embarras apportés par cette explication dans des théories jusque-là irréprochables ! Laplace, rassemblant toutes ses forces pour éviter cette extrémité, trouva enfin dans la loi même de Newton l'origine et la cause de l'accélération, sans porter pour cela atteinte à la force et à la pureté des principes. L'ellipse parcourue par la terre change de siècle en siècle sous l'influence incessante des planètes qui nous attirent. Son excentricité diminue, et cette variation réagit pour produire l'accélération signalée par Halley, en sorte que par un singulier circuit de réactions, les planètes dont l'action directe est insignifiante pour troubler le mouvement de notre satellite autour de la terre, changent au contraire celui de la terre autour du soleil de manière à augmenter par contre-coup d'une manière sensible la vitesse moyenne de la lune. Cette accélération ne sera pas indéfinie. Laplace en a déterminé la durée, mais c'est dans des millions d'années qu'elle aura son entier accomplissement. Le ralentissement qui lui succédera, en réalisant cette si lointaine prédiction, viendra apporter aux règles inviolables de la théorie newtonienne une confirmation nouvelle, mais superflue.

La théorie des planètes offre un problème tout semblable à celui du mouvement de la lune, et la nécessité d'avoir égard à plusieurs masses perturbatrices semble encore en accroître la complication : il n'en est rien pourtant. S'il s'agissait d'un calcul mathématique rigoureux, la grandeur ou la petitesse des masses en présence n'en changerait en rien la difficulté ; les problèmes se résoudraient par les mêmes formules avec de simples changements dans les valeurs numériques des lettres. Mais lorsqu'on procède par approximation, il en est tout autrement : l'importance des erreurs commises varie avec la grandeur des effets à calculer. En appliquant à la lune les méthodes simples qui donnent avec une approximation suffisante les légères perturbations des planètes, on risquerait fort de s'égarer complètement. C'est encore à l'Académie des sciences de Paris que revient l'honneur d'avoir provoqué les travaux des géomètres sur cette grande question. L'étude des perturbations de Jupiter et de Saturne fut proposée deux fois comme sujet de prix, en 1748 et 1752, et Euler fut deux fois couronné.

Lagrange, en suivant la même voie, a donné aux méthodes d'approximation, que dans cette théorie il est impossible d'éviter, toute l'élégance et la précision des théories mathématiques les plus pures. C'est lui qui le premier, calculant les variations du grand axe de l'orbite d'une planète, a prouvé, par un raisonnement aussi simple que rigoureux, l'absence nécessaire de toute perturbation croissante avec le temps. La distance de chaque astre au soleil doit rester éternellement comprise entre d'étroites limites, et le temps de la révolution que l'une des grandes lois de Képler y rattache intimement, est constant comme lui dans la suite des siècles.

L'obliquité de l'écliptique sur l'équateur, soumise à des changements incessants, doit aussi rester renfermée dans des limites nécessaires, également données par Lagrange.

Newton, dans le livre des *Principes,* a abordé la question de la figure de la terre, et d'ingénieuses considérations lui ont révélé l'aplatissement nécessaire de notre globe, supposé originairement fluide. Les premiers travaux de l'Académie des sciences de Paris avaient donné un résultat tout opposé. Elle resta longtemps divisée sur cette grande et importante question dont, pendant près d'un siècle, elle a poursuivi la solution avec autant d'ardeur que de persévérance.

Deux commissions furent envoyées en 1735 et 1736, l'une au pôle, l'autre à l'équateur, vérifier par la mesure directe de deux arcs du méridien, l'exactitude des déductions théoriques. La Condamine et Bouguer se rendirent au Pérou, Maupertuis et Clairaut en Laponie. Les deux missions furent remplies avec autant de dévouement et de courage que de science et d'habileté, et l'accord avec leurs travaux est aujourd'hui encore une des conditions essentielles auxquelles doit satisfaire toute théorie proposée pour la solution d'un problème dont la complication augmente avec les éléments dont on dispose pour le résoudre.

Parmi les missionnaires de l'Académie, Clairaut seul était grand géomètre. Après avoir fourni son contingent à l'œuvre commune, il entreprit l'étude théorique de la question, dans l'ouvrage si justement célèbre intitulé : *Théorie de la figure de la terre,* qui, par sa forme précise et serrée, plus encore que par l'emploi si difficile de la synthèse dans ces hautes questions, semble presque un chef-d'œuvre retrouvé de Newton.

La théorie de l'attraction fournit tout ensemble la règle immuable et le principe universel des mouvements célestes ; tous les phénomènes du système du monde sont unis par elle d'un lien très-étroit ; la théorie de la lune, comme celle de la précession des équinoxes, devaient bientôt trouver, l'une et l'autre, dans les travaux des astronomes français, une éclatante confirmation des prévisions du livre des *Principes.*

Si la terre était sphérique et homogène, elle tournerait invariablement autour du même axe, sans que l'attraction des corps célestes eût le pouvoir d'y rien changer. Mais à cause de la forme aplatie de notre globe et de sa densité irrégulière, les actions de la lune et du soleil ne passent pas par le centre de la terre, et en même temps qu'elles la transportent dans l'espace, elles tendent à lui imprimer une rotation qui, combinée avec celle qu'elle possède déjà, change à chaque instant la direction de l'axe autour duquel elle tourne. Ce sont de bien petites forces et de bien légers changements ; vingt-six mille ans sont nécessaires pour lui faire accomplir une révolution autour de l'axe de l'écliptique. La cause de ce mouvement lent, attribué par Hipparque à la voûte étoilée et signalé par Copernic comme appartenant à l'axe de la terre, était pour Képler un mystère impénétrable. Newton en assigna la cause, mais sans en calculer les effets, et c'est Dalembert qui en a établi le premier la théorie exacte et précise. Euler, bientôt après, entra dans la même voie, et son analyse élégante peut être considérée comme le point de départ de l'admirable mémoire donné cent ans plus tard sur le même sujet par notre illustre contemporain M. Poinsot.

Si la forme aplatie du globe influe sur les actions qu'il subit, elle change en même temps celles qu'il exerce lui-même, et surtout son attraction sur la lune, vis-à-vis de laquelle, à cause de sa grande proximité, il n'est pas permis de le considérer comme un simple point destitué d'aucune forme.

Laplace, qui semblait né pour tout approfondir dans la théorie du ciel, a montré dans l'aplatissement terrestre l'origine d'une inégalité nouvelle de la lune, qui, directement mesurée, lui a fourni une évaluation indirecte, mais très-sûre, du rapport des deux axes de notre planète.

Je sortirais du cadre tout élémentaire de ce volume en cherchant à pousser plus loin l'énumération des grands travaux de mécanique céleste ; le moindre pas des astres dans le ciel accomplit aujourd'hui, exactement et de point en point, les prédictions des géomètres. Laplace a résumé ces grandes théories, en les perfectionnant sur tous les points, dans l'admirable ouvrage que l'on a nommé avec justice l'*Almageste des temps modernes.* L'opinion unanime des géomètres le place avec raison au point culminant de la science, et la lecture intelligente de la *mécanique céleste* assure, aujourd'hui encore, droit de bourgeoisie parmi les adeptes incontestés des secrets les plus cachés de la géométrie.

Au nombre des progrès réservés à notre époque, n'est-il pas permis d'espérer cependant l'amélioration de ces routes ardues et des explications plus simples et plus accessibles au raisonnement ? Les inventeurs ont fait ce qu'ils avaient à faire ; avant tout il fallait arriver, peu importe par quels détours. On est assez avancé aujourd'hui pour regarder en arrière et songer à dissiper les ténèbres en montrant la trace la plus droite de la vérité. Un tel ouvrage, s'il faut en croire Lagrange, qui n'avait pas, disait-il, la témérité de s'en charger, ferait autant d'honneur à notre siècle que le livre des *Principes* en fait au siècle dernier.

Ce chef-d'œuvre, rêvé en 1786 par le plus illustre successeur de Newton, et dont Poinsot a écrit quelques beaux chapitres, est encore à faire aujourd'hui.